KB264103

Alganzi

Thinking Garden

DOUBLE CLICK

Algonzi

Thinking Garden

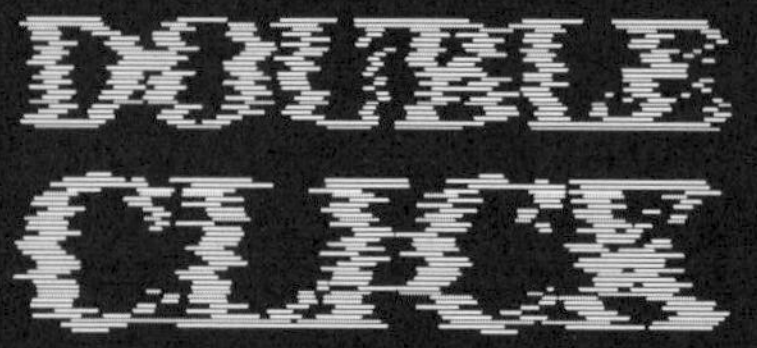

1부 원클릭: 선택하기

1 선택을 왜 해야 할까?

2 쫄지 마, 완전히 망하는 일은 없어

2부 더블 클릭: 실행하기

6 변수: 든든한 동업자

7 야크 쉐이빙: 과정을 신뢰할 것

8 내면 자동화: 내가 나를 위해 일하도록 하라

9 멈춤의 기술: 불씨를 꺼뜨리지 않는 법

10 다시 더블 클릭: 인생에는 언제나 '다음'이 있다

이 세상은 끊임없이 무엇이 옳고 그른지 판단을 내리는 곳입니다. 대학, 취업, 결혼, 출산… 수많은 선택지에는 다수가 옳다고 여기는 길이 있습니다. 그 길을 택한 사람은 자연스레 '정상'이라는 우위에 속하게 됩니다. 사회적으로 더 수용되고 안정감을 느끼는 위치에 놓이게 되는 것이지요. 하지만 그 우위는 다수 속에 있을 때만 주어집니다. 결국 옳은 선택을 내리려는 욕망은 우리를 늘 옆 사람을 곁눈질하며 살게 만듭니다. 어차피 시간은 흐르고 우리는 모두 죽음을 맞을 텐데, 남의 기준에 맞춰 살아간다고 생각하면 아찔하지 않나요?

'점메추(점심 메뉴 추천)'라는 단어가 '흥행'할 만큼, 우리는 사소한 선택조차 타인에게 기대곤 합니다. 모든 선택을 독단적으로 내려야 한다고 말하려는 게 아닙니다. 다만 '점메추'라는 단어의 탄생과 인기는 내면의 소리를 듣고자 할 때 우리가 느끼는 무의식적인 두려움을 드러냅니다. 동시에 타인의 판단에 기대는 습관 역시 보여줍니다. 무엇이 옳고 그른지, 무엇이 맞고 틀리는지를 외부에서 끊임없이 말해주는 세상 속에서 우리는 그 소리에 귀 기울이느라 정작 내면의 소리를 들을 힘을 잃어버린 것입니다.

그러다 어느 순간 강력한 공허함이 몰려옵니다. '이렇게 살아도 괜찮은 걸까' 하는 회의와 함께 뭔가 잘못되어 가고 있다는 직감이 찾아옵니다. 그제야 우리는 깨닫습니다. 외부의 소리가 아닌 내면의 소리에 귀 기울여야 한다는 사실을. 그러나 오랫동안 닫아둔 방처럼, 그동안 외면해 온 내면의 공간을 열어보는 일은 쉽지 않습니다. 익숙한 공간조차 빛이 사라지고 어둠이 드리우면, 그 안에서 무언가 낯선 것이 튀어나올까 두려워하는 게 인간입니다. 하물며 꽤 오랜 세월 외면해 온 내면의 공간을 마주하는 데 두려움을 느끼는 건 당연합니다. 그 길을 걷기 위해서는 용기가 필요합니다. 이 책에는 바로 그 용기를 건네줄 이야기들이 담겨 있습니다.

이 책의 제목은 '더블 클릭'입니다. 아이콘을 한 번 클릭하면 '선택', 두 번 클릭하면 '실행'을 뜻합니다. 여기에서 가장 중요한 것은 마우스를 누르는 주체, 바로 '나'입니다. 아무리 좋은 선택과 완벽한 실행 방법이 있어도, 그것을 작동시키는 건 결국 나 자신입니다. '내가 나를 어떻게 실행시킬 것인가', 어쩌면 이것이 이 책의 근본적인 질문일지도 모릅니다. 이 흐름에서 책은 두 부분으로 나뉩니다.

1부 원클릭에서는 왜 우리는 선택 앞에서 그토록 머뭇거리는지, 그리고 어떻게 선택이 '나'라는 주체를 세우는 첫걸음이 되는지를 살펴봅니다. 완벽해야 한다는 압박, 남에게 기대려는 습관, 결핍과 취약성 같은 장애물들은 흔히 삶을 가로막는 벽처럼 여겨지지만, 다른 시각에서 보면 새로운 가능성의 문을 여는 열쇠가 되기도 합니다. 이 과정을 따라가다 보면 '선택'이 단순히 갈림길에서 방향을 고르는 일이 아니라, 자기 삶의 좌표를 새겨 넣는 일임을 알게 될 것입니다. 외부의 기준이 아닌 내 현재 상태에 집중하는 법, 옳고 그른 선택은 없다는 진실, 그리고 음식 메뉴를 스스로 고르는 것처럼 사소하지만 효과적인 실천 방법들을 소개합니다.

2부 더블 클릭은 선택에서 한 걸음 더 나아가 '실행의 기술'을 다룹니다. 계획만 세우다 기회를 놓치는 '계획 중독'을 넘어서는 법, 우연과 변수를 삶의 동력으로 끌어안는 방법, 번아웃을 회피가 아닌 회복의 계기로 전환하는 방법을 제시합니다. 여기서는 직감, 자신감, 리듬 같은 구체적 실행 감각을 통해 실제로 '움직이는 나'를 회복하도록 돕습니다. 실행은 거창한 결단이 아니라 작은 발걸음에서 시작된다는 것을, 다양한 사례와 방법을 통해 보여줍니다.

우리는 무한한 가능성 앞에 서 있으면서도, 선택과 실행의 순간에는 자주 주저앉습니다. 선택은 책임을 요구하고, 실행은 불확실성 속으로 뛰어드는 일이기 때문입니다. 그래서 많은 이들이 '생각만 하고 행동하지 못하는' 상태로 머물고 맙니다. 이 책은 그 망설임을 끊고, 비록 작더라도 스스로 내린 선택을 실행으로 이어갈 수 있는 힘을 되찾도록 이끌 것입니다. 무엇보다 이 책은 외부의 소리와 내면의 소리를 구분할 수 있게 하고 내면의 소리를 따르는 용기를 어떻게 키울 수 있는지도 알게 될 것입니다. 삶은 정답을 고르는 시험지가 아니라, 내가 직접 클릭하며 열어가는 하나의 '프로그램'입니다. 두렵더라도 이제는 곁눈질을 멈추고, 내 안의 목소리에 집중해 보십시오. 작은 선택 하나, 작은 실행 하나가 쌓여 당신만의 길이 열릴 것입니다.

그리고 잊지 마세요.
선택이든, 실행이든 클릭하는 건 언제나 당신입니다.

2025년 12월 18일
알간지

click_

원클릭 선택하기

01

선택을
왜
해야 할까?

의자와 나의 차이

"알간지 님, 좀 억울해요. 태어나는 건 내 선택이 아닌데, 왜 내 의지로 선택하지도 않은 삶을 살면서 수없이 많은 결정을 내려야 할까요? 하루에도 수십, 수백 개의 선택을 해야 한다는 사실이, 가끔은 버겁게 느껴져요."

인간으로서의 삶은 여간 귀찮은 게 아니다. 머리를 굴리고 선택을 내리지 않으면 뭐 하나 제대로 되는 게 없다. 무엇을 입고 먹고, 어떤 행동을 어디서 언제 어떻게 할지, 의식적으로든 무의식적으로든, 우리는 계속해서 무언가를 '선택'하는 삶을 살아간다. 재밌는 건 무의식 혹은 의식이 골라잡은 그 선택지

가 평범해 보이던 인간을 한순간에 부자로 만들기도 하고, 빈
털터리로 만들기도 한다는 점이다. 이런 상황을 목격하며 우리
는 머리가 심하게 아파온다. 선택을 '잘' 하는 게 아주 중요해
보이기 때문이다. 그렇게 선택을 잘 내려야 한다는 압박에 오
래 시달리다 보면, 이런 생각에 다다를지도 모른다. '우리는 왜
인간으로 태어났을까? 인간이 아니라, 차라리 의자로 태어났
다면 편하지 않았을까? 머리를 이리저리 굴려가며 어려운 선
택을 내릴 필요도 없고, 그 선택이 낳은 결과를 책임질 필요도
없을 텐데…. 왜 하필 인간으로 태어난 거지?' 솔직히 내가 원
해서 태어나기로 선택한 것도 아닌데, 왜 타인의 선택으로 주
어진 삶을 내가 책임져야 한단 건지 억울한 마음이 들지도 모
른다.

"내가 원해서 태어난 건 아니잖아요!"라는 말을 부모에게 내
뱉으면 패륜적인 발언이 되겠지만, 혼자서는 이런 물음을 충
분히 가져볼 만하다. '인간은 왜 태어나, 수많은 선택을 내리
는 삶을 살아가야만 하는 걸까?' 이 거대한 질문을 함께 파헤
쳐 보자. '눈앞의 일들을 처리하기에도 바쁜 이 세상에 왜 이
모호하며 거대한 철학적 질문에 답하기 위해 시간을 투자해야
하지?' 하는 의문이 들 수도 있다. 하지만 '왜 살지?'라는 질문
을 던질 만큼 덩치 큰 무기력함 혹은 회의가 인생에 찾아왔을
때, 똑같이 덩치 큰 모호함을 대항마로 내세우는 거다. 때로는
가장 모호해 보이는 것이 가장 명확한 답을 주기도 하니까.

자, 여기서부터 시작해 보자. 사람과 의자의 차이는 뭘까? 어렵게 생각하지 말고 그냥 쉽게 생각해 보면, 사람은 움직이는 생물이고 의자는 멈춰 있는 사물이다. 명쾌한 설명임은 분명하나, 이 차이만으로는 두 존재의 본질적인 차이를 설명하기에 부족하다.

이번엔 탄생의 목적을 놓고 비교해 보자. 의자의 탄생 목적은 무엇인가? '앉을 수 있게 함'에 있다. 이 목적은 누가 부여했을까? 의자는 처음부터 의자가 아니었다. 나무와 못이었다. '누군가' 사람이 앉을 무언가를 만들겠다는 의도로 나무와 못을 이용해 의자를 만든 것이다.

그렇다면 인간이 태어난 목적은 무엇일까? 인간 역시 의자처럼 누구에 의해 탄생 목적이 정의되는 것일까? 이 질문에 프랑스의 실존주의 철학자 장폴 사르트르(Jean-Paul Sartre)는 이렇게 대답했다.

"인간의 실존은 본질에 앞선다. 인간은 행동과 선택을 통해 스스로 존재 의미를 만들어가는 창조적 존재다."

쉽게 말해, 인간은 어떠한 목적이나 의도가 있어서 태어나는 것이 아니라, 먼저 존재(실존)한 다음에 스스로 자신의 본질을 만들어간다는 뜻이다. 사르트르가 영향을 받은 독일의 철학자 마르틴 하이데거(Martin Heidegger)도 "인간은 던져진 존재"라고 말했다. 우리는 세상에 던져졌고, 그 안에서 방향을 스스로 만들어가야 한다는 것이다.

뭐 어쩌라는 걸까? 짜증이 솟구친다면, 사르트르의 이야기를 조금 더 들어보자. 그는 갓 태어난 인간을 하나의 '돌'이라고 보고, 살아가면서 수없이 내리는 선택들이 돌의 모양을 깎고 다듬어간다고 했다. 나라는 돌이 어떤 모습이 될지는 오직 나의 생각과 판단, 선택이 결정한다는 것이다. 즉 인간은 처음에는 그 무엇도 아니었다가, 선택에 의해 비로소 '본질'을 갖게 된다. 간단히 말하면, 인간은 선택하기 위해 태어난 존재다. 그래서 우리는 끊임없이 선택을 내려야만 한다. 그렇게 태어났으니, 그렇게 살아야 한다고? 어이가 없다. 글 초반에 느꼈던 억울함이 더 진해졌을지도 모르겠다. 맞다. 저명한 프랑스 철학자의 말을 갖다 붙여도 '아니, 내가 원해서 태어난 것도 아닌데 선택에 대한 압박감을 왜 견뎌야 하고 그 책임을 져야 하느냐고!' 하는 억울함은 해소되지 않는다. 여전히 내 손에 쥐어진 '선택을 내릴 권리'는 숨 막히고 무겁게 느껴진다.

어떻게 하면 좋을까? 내가 가진 것이 버겁게 느껴질 때는 그것의 소중함을 느끼는 것 말고는 그 무게를 덜어낼 다른 방법이 없다. 예를 들어, 할 일이 너무 많아 버거운 상황에서는 "아, 나를 찾는 사람이 이렇게 많다니, 참 감사하다"라는 태도를 취해야 쏟아지는 업무의 압박감을 소멸시킬 수 있다. 압박감을 주는 상황에 감사함을 어떻게 느낄 수 있냐고? 가진 것의 소중함을 느끼는 가장 효과적인 방법은 그것을 잃어보면 된다. 하고 싶어도 할 일이 전혀 없는 상황을 겪어보면 일이 쏟아지는

Sometimes, what seems the blurriest reveals the clearest answer.

때로는 가장 모호해 보이는 것이 가장 명확한 답을 준다.

상황에 진심으로 감사하게 된다. 똑같은 원리를 적용해 보자. 선택권이 넘쳐나는 삶이 나를 옥죄는 것 같은 순간에는 선택할 권리를 누군가에게 모조리 빼앗긴 상황을 상상해 보는 것을 추천한다. 선택권을 빼앗긴 삶, 그 극단적인 예는 영화 〈마이 시스터즈 키퍼(My Sister's Keeper)〉에서 찾아볼 수 있다. 〈마이 시스터즈 키퍼〉는 안나와 케이트 자매, 그리고 그들 부모의 이야기이다. 영화의 첫 장면은 안나의 독백으로 시작한다.

"I, on the other hand, am not a coincidence. I was engineered. Born for a particular reason. 대다수의 인간은 우연히 탄생하지만, 나의 탄생에는 어떤 '목적'이 있었습니다."

안나는 백혈병에 걸린 언니 케이트를 치료하기 위해 태어났다. 케이티의 부모는 장기 기증자를 쉽게 찾을 수 없자, 계획 임신으로 안나를 낳았다. 그렇게 태어난 안나는 갓난아기 때부터 열한 살이 되기까지 제대혈, 백혈구, 줄기세포, 골수 등을 모두 언니에게 이식해 준다. 11년 동안 안나는 언니를 살리기 위해 8번의 입원, 6번의 카테터 삽입, 2번의 골수 적출, 2번의 줄기세포 세척을 해야 했다. 출혈, 감염, 멍이라는 부작용이 따랐고, 구토나 통증을 억제하기 위한 다량의 약을 복용해야 했으며, 성장호르몬 주사도 맞아야 했다.

열한 살이 되어 언니에게 신장 기증까지 해야 하는 상황이 되자, 안나는 TV 커머셜에서 본 승률 90%의 변호사 캠벨을 찾아간다. 그와의 첫 만남에서 안나는 이렇게 말한다.

"언니가 아프지 않았다면 난 태어나지도 않았을 거예요. 난 케이트를 위한 부품이 되기 위해 실험 플레이트에서 만들어졌거든요. 하지만 이제 내 몸에 대해 스스로 결정하고 싶어요."

안나의 호소에 마음이 움직인 캠벨은 안나의 변호사가 되어 부모를 고소한다. 안나의 부모는 어떻게 반응했을까? 당황하고 분노했다. 부모는 안나에게 "가족을 위한 일이다, 너도 동의했다고 생각했다, 왜 진작 말하지 않았냐"라고 말했다. 안나는 "수술 후에는 평생을 조심하며 살아야 한다는데 나는 그렇게 살고 싶지 않아요. 언니만큼이나 나도 중요한 사람이에요!" 하고 소리쳤다. 하지만 부모는 안나의 요구를 들어주지 않았고, 재판은 계속되었다.

가족이라는 이름 아래 서로에게 요구되는 희생에 대해 어떤 결정을 내리는 것이 옳은지에 대해서는 판단하고 싶지 않다. 다만 내가 이 영화를 통해 말하고 싶은 것은 타인이 한 인간의 존재 의미를 정의 내리고, 당사자의 선택권을 앗아가는 것은 영 보기가 좋지 않다는 거다. 그 '타인'이 나에게 생명을 준 부모라 할지라도 말이다. '선택권'이 빠진 우리의 삶은 그냥 '의자'와 다를 바가 없다.

다행히 영화 속 안나는 타인(부모)이 부여해 준 목적을 거부하고, 자기 삶의 목적을 스스로 세우기로 결심한다. 의자가 아니라, 인간으로 살기로 선택한 거다. 물론 이 결심 이후에도 다시 언니에게 장기이식을 하겠다고 결정할 수 있다. 다만 그 선택의 의미는 이전과는 많이 다를 것이다.

"인생은 B(Birth)와 D(Death) 사이의 C(Choice)이다."

이 현대 명언은 실존주의자인 사르트르의 철학을 집약한 말로 널리 알려져 있다. 인생은 태어남과 죽음 사이에서 끊임없이 선택하는 과정이라는 뜻이다. 결국 우리가 처음 던진 "인간은 왜 태어나 선택을 내리는 삶을 살아가는가?"라는 질문에는 다음과 같이 답할 수 있다. 인간은 특정 목적 없이 '그냥' 태어난다. 태어나 보니 하필 '인간'이라, 수많은 선택을 내리는 삶을 살게 됐으며, 그 선택을 내리는 행위가 인간을 인간답게 만든다.

점심 메뉴 고르는 일이 중요한 이유

매일의 사소한 결정부터 인생을 좌우할 중요한 결정까지, 우리는 늘 선택의 기로에 놓인다. 수많은 선택을 내려야 한다는 압박감이 들긴 하지만, 한 가지 분명한 사실은 선택권이 주어질 때, 사람은 더 행복해진다. 미국 심리학회(American Psychology Association)가 63개국의 데이터를 종합 분석한 연구에 따르면, 돈보다 자유와 개인적 자율성, 즉 보장된 선택권이 삶의 만족도에 더 큰 영향을 준다고 한다. 자신이 원하는 방향으로 인생을 선택할 수 있는 자유가 곧 행복의 열쇠라는 것이다. 이러한 사실은 여러 연구에서 확인할 수 있다. 매년 발표되는 '세계 행복 보고서(World Happiness Report)'에서는 각국의 삶의 만족도를 평가하며, 아래와 같은 요소를 기준으로 삼는다.

1인당 GDP: 경제적 풍요 수준

사회적 지원: 어려울 때 의지할 수 있는 사람의 존재 여부

건강한 기대 수명: 신체적 건강과 장수 가능성

삶의 선택 자유도: 자유롭게 삶을 선택할 수 있는 정도

관대함: 기부나 자원봉사 등 이타적 행동의 빈도

부패에 대한 인식: 정부와 기업의 청렴성에 대한 국민의 인식

주목할 만한 것은 '삶의 선택 자유도' 항목이다. 보고서의 설명에 따르면, "자신의 인생에서 어떤 길을 갈지 스스로 선택할 수 있는 자유는 행복에 필수적이며, 개인의 자유가 더 큰 나라에서는 사람들이 자신의 가치와 일치하는 결정을 내릴 수 있어 삶에 더 큰 만족을 느낀다"라고 한다.

자유로운 선택권과 만족감의 상관관계를 보여주는 흥미로운 실험도 있다. 2023년, 스페인 나바라대 아에세(IESE) 경영 대학원의 연구팀은 이탈리아의 한 농구용품 매장에 "원하는 대로 마음껏 선택하세요"라고 쓴 안내 표지판을 격주로 설치했다. 표지판 설치 유무에 따라 쇼핑 후 고객의 만족도가 어떻게 달라지는지 측정한 결과, 표지판을 본 고객들이 그렇지 않은 고객들보다 만족도가 높았다. 같은 실험을 온라인 쇼핑몰에서도 진행했는데, 똑같은 결과가 나왔다.

놀랍지 않은가? 표지판이 있건 없건, 공짜도 아니고 내 돈 주고 내가 갖고 싶은 물건을 동일한 가격으로 사는 것이다. 고객들 역시 이를 모를 리가 없다. 그럼에도 불구하고 "원하는 대로 마음껏 선택하세요"라는 말 한마디가 고객의 만족도를 끌어올렸다. 이 실험을 통해 자율적인 선택권이 보장된 상황이 개인의 행복에 얼마나 지대한 영향을 끼치는지 알 수 있다.

물론 선택의 자유가 항상 긍정적인 감정만을 낳는 것은 아니다. 때로는 그 자유가 너무 커서 무엇을 선택해야 할지 모르는 늪에 빠져 허우적거릴 수도 있다. 실제로 '선택의 역설(paradox of choice)'이라는 개념이 있다. 선택지가 지나치게 많을 때 소비자가 오히려 혼란을 느끼고, 결정을 내리지 못하거나 만족감이 낮아지는 현상을 일컫는, 행동경제학 용어다. 심리학자 배리 슈워츠(Barry Schwartz)는 이를 증명하기 위해 한 가지 실험을 했다. 마트에서 하루는 6종류의 잼을 진열해 시식하게 하고, 다른 날에는 24종류를 시식하게 했다. 상식적으로 다양한 잼을 시식할 때 잼이 더 많이 팔릴 것으로 예상했지만 결과는 빗나갔다. 오히려 6종류를 시식했을 때 구매율이 10배 더 높았다. 더 많은 선택지 앞에서 고민만 하다가 결국 아무것도 선택하지 않는 사람들이 더 많았던 것이다.

여러 선택지 앞에서 머리가 아팠던 경험은 누구나 있을 것이다. 거창한 인생의 결정을 앞두고 있지 않아도, 우리는 수시로 선택의 괴로움에 빠진다. 나도 깊이 공감한다. 점심시간에

‘오늘은 뭐 먹지?’ 하며 이것저것 고민하다 결국 끼니를 거를 때도 많다. 그러나 선택의 스트레스를 기본값으로 인정하더라도, 너무 오래 지나친 혼란과 무력감에 젖는 것은 배부른 푸념인지도 모른다.

점심 메뉴 앞에서 고민하게 된다는 건, 선택할 수 있는 메뉴가 단 하나뿐인 상황은 아니라는 뜻이다. 대학 진학을 두고 갈등하고 있다는 건, 선택할 대학이 없거나 애초에 진학이 허락되지 않는 사회는 아니라는 뜻이다. 이렇게 생각해 보면, 선택의 어려움 자체는 ‘선택권이 있다’라는 사실을 증명하는 긍정적인 신호다.

혹 지금 여러 선택지 앞에서 지쳐 있다면, 그래서 선택의 자유도가 높은 자신의 인생을 회의적으로 바라보게 된다면, 다음의 문장을 기억해 보자.

“선택지가 없는 것보다는 있는 게 분명 더 행복하다.”

더 나아가, 지금 우리에게 주어진 수많은 선택권은 사실 항상 모두에게 당연히 보장되던 것은 아니었음을 기억하자. 모든 성별의 시민들이 투표권을 얻기까지, 소수 인종이 교육을 받을 권리를 얻기까지, 한 나라가 독립을 쟁취하고 지도자를 스스로 뽑을 수 있게 되기까지—이 모든 과정은 결국 ‘선택할 수 있는 권리’를 쟁취하기 위한 싸움이었다. 우리가 어느 지역에

DOUBLE CLICK

The difficulty of choosing itself is a good sign-proof that the right to choose exists.

선택의 어려움 자체는 '선택권이 있다'라는 사실을
증명하는 긍정적인 신호가 아닐까.

살지, 어떤 학교에 다닐지, 어떤 직업을 가질지, 누구를 좋아할지, 어떤 사람을 나라의 리더로 선택할지를 고민할 수 있는 지금의 환경은 수많은 역사적 투쟁으로 쟁취된 가치다.

세상은 완벽한 길을 보장해 주지 않는다. 대신 다양한 길을 놓아준다. 어디로 갈지 결정하는 건 온전히 나의 몫이다. 때로는 그 길에서 실패할 수도 있고, 돌아갈 수도 있다. 하지만 그럼에도 언제나 다른 길을 선택할 수 있다는 사실이야말로 우리가 가진 가장 큰 힘이 아닐까.

지금, 이 순간 당신에게 수많은 선택지가 주어졌다면, 그것은 분명 축복이다. 망설여도 괜찮고, 실수해도 괜찮다. 그 선택을 내 손으로 내릴 수 있다는 사실이야말로, 우리가 인간으로서 살아가고 있다는 증거다. 때때로 선택은 괴로움을 낳지만, 선택할 수 있다는 건 곧 나 자신이 '인간'이라는 뜻이다.

누가 내 선택을 대신 해주면 안 될까?

우리의 선택은 꽤 자주 타인과 공유된다. "오늘은 뭐 먹을까?"라고 친구에게 묻는 일상의 질문부터, 아플 때 병원에 찾아가서 내 건강에 관한 결정을 의사에게 맡기는 순간까지, 우리는 스스로의 선택권을 조금씩 타인과 나누며 살아간다. 특히 인생의 중대한 선택 앞에서는, 나를 낳아준 부모에게 적극적으로 개입할 것을 부탁하기도 한다. 이때 부모의 의견은 단순한 조언이 아닌, 결정의 전제가 되어버리는 경우가 많다. 무엇을 결정하기 전, 부모의 '허락'을 맡아야 한다는 말이 낯설지 않게 들리는 건 이 때문이다.

앞에서 영화 〈마이 시스터즈 키퍼〉를 통해 설령 나를 낳은 부모라도 내 삶을 좌지우지할 수 없으며, 내 삶의 운전대는 내가 잘 쥐고 있어야 한다는 메시지를 접했다. 이 메시지에 대해 어떻게 생각하는가? 당신은 '가족', 특히 부모가 내 삶에 어디까지 관여하는 것이 적절하다고 보는가? 그 경계는 어디까지 허용되어야 할까?

이 질문에 답하기 전에 다음 사례를 함께 보자. 〈마이 시스터즈 키퍼〉의 부모와는 전혀 다른 선택을 내린 실제 부모의 이야기이다. 바로 미국에서 일어난 '애바 마주리(Eva Majury) 사건'이다.

애바 마주리는 만 14세의 어린 나이에 120만 팔로워를 보유한 메가 인플루언서다. 그는 틱톡, 스냅챗, 인스타그램 등 여러 SNS에서 활동하며 큰 인기를 끌었는데, 그 인기 때문에 에릭 저스틴(Eric R. Justin)이라는 스토커가 따라붙었다. 저스틴은 애바의 영상에 지속적으로 댓글을 달며 접촉을 시도했다. 애바의 개인정보를 알아내기 위해 같은 학교에 다니는 친구에게까지 접근해 사생활 정보를 구매하기도 했다.

이후 그는 애바의 친구와 교류하면서 애바를 해칠 계획을 세웠는데, 그 둘 사이에 오간 문자 중엔 이런 말도 있었다.

"I could just breach the door with a shotgun, I think. 내 생각엔 엽총으로 문을 그냥 부숴버리면 될 것 같아."

애바는 자신이 위험에 처했음을 인지하고 부모에게 알렸다. 조사에 나선 부모는 저스틴이 수천 *km*나 떨어진 메릴랜드주에 거주하고 있다는 사실을 알아내고는, 두려움에 떠는 딸을 안심시키며 말했다.

"He was one of these keyboard cowboys. 얘는 그냥 '키보드워리어' 중 한 명이야."

불행하게도 저스틴의 끔찍한 계획은 상상으로 끝나지 않았다. 새벽 4시 30분, 열여덟 살의 에릭 저스틴은 총을 들고 애바의 집에 나타났다. 당시 저스틴은 플로리다주 나폴리에 위치한 애바의 집에서 1,908km 떨어진 메릴랜드주 엘리콧시티에 살고 있었다. 자동차로 달렸을 때 최소 15시간, 서울에서 부산을 두 번 반 왕복하는 거리였다. 미친 수준의 집착이었다.

애바의 집 앞에 도착한 저스틴은 문자 내용 그대로 현관문을 향해 총을 쐈다. 엄청난 굉음과 함께 문에 구멍이 났고, 집 안에 있던 가족들은 패닉 상태가 되었다. 그 와중에 총이 고장이 나 방아쇠가 헛돌자, 저스틴은 총을 버리고 도망쳤다. 경찰 출신인 애바의 아버지는 저스틴이 버린 총을 집어 들고는 문 앞에 서서 경찰이 오기를 기다렸다. 그런데 놀랍게도 저스틴은 다른 총을 들고 돌아왔다. "총 버려!" 애바의 아버지가 여러 번 소리쳤지만, 저스틴은 총구를 겨누었고, 결국 애바의 아버지가 실탄을 발포했다. 저스틴은 그 자리에서 사망했다.

사건 이후 미국 사회에서는 뜨거운 논쟁이 일었다. 아버지의 정당방위 여부 때문이 아니라, "부모는 자녀의 SNS 활동을 허락해야 하는가"에 대한 논의였다.

Go-Getter: 그저 '하는' 아이

미국은 아동이 미디어에 노출되는 것에 큰 경각심을 가지고 있다. 예를 들어, 플로리다와 같은 미국의 보수적인 주에서는 학교 안에서 아이들의 휴대폰 사용을 금지하는 법안을 시행하고 있으며, 미국의 테크 자이언트 중 하나인 유튜브(구글)는 아동의 콘텐츠 시청 혹은 콘텐츠 제작 과정에서의 부정적 영향을 최소화하기 위해 댓글 작성을 제한하는 등의 조치를 취하고 있다.

이런 사회 분위기 속에서 "자녀가 소셜 미디어에서 활발히 활동하는 것을 부모가 허락해야 하는가" 같은 주제는 늘 뜨거운 논쟁거리다. 더군다나 미성년자 인플루언서를 따라다닌 살인 미수범 스토커 사건은 이 논쟁에 기름을 붓는 계기가 되었다. 사람들은 각자의 의견을 열띤 목소리로 쏟아냈다. 어떤 이들은 애바의 부모를 정면으로 비판했다.

"자기 자녀가 소셜 미디어에 나가도록 부추기다니, 그건 정말 무책임한 부모야."

"미성년자가 틱토커? 야, 거기서부터 부모는 실패한 거야."

"이건 충분히 피할 수 있었던 일이야. 애들 좀 제대로 통제해."

이 사건에 대한 미국 사회의 주된 반응은 명확했다. "부모는 자녀를 더 철저히 통제해야 하며, 더 이상의 인플루언서 활동은 중단시켜야 한다"라는 것이었다. 그렇다면 당사자인 애바와 그의 부모는 어떻게 반응했을까? 목숨을 위협받는 사건을 겪었는데도, 애바는 인플루언서 활동을 그만두지 않았다. 애바는 자신의 입장을 이렇게 밝혔다.

"2021년 7월 사건 이후 그동안 팔로워들에게 이 사건에 대해 말하지 않은 이유는, 사람들이 나를 부정적으로 바라보거나 내가 그를 유혹했다는 말을 듣고 싶지 않았기 때문이에요."

애바는 그 사건 이후, 영상 촬영을 마친 날이면 잠을 제대로 자지 못했다. '그만 다 포기하고 싶을 때'도 있었다. 그런데 이튿날 아침이면 생각이 달라졌다. 그동안 인플루언서로 활동하면서 느끼고 배운, 여러 좋은 일들이 떠올랐다. 대부분의 사람은 애바가 돈 때문에 활동을 포기하지 못하는 거라고 했다. 이에 대해 애바는 뭐라고 했을까?

"And yeah, it's a huge benefit. But it's the experience. Just being able to make other people smile… seeing the impact I made on some people's lives. I'd post a video at night… and in the morning it was exciting to see how many views I got. 맞아요. 돈도 큰 이유죠. 하지만 그것보다 제가 중요하게 여긴 건 '경험'이에요. 다른 사람들을 웃게 하고, 내가 누군가의 삶에 긍정적인 영향을 줬다는 걸 느낄 수 있는 게 정말 좋아요. 밤에 영상을 올리고 자고 일어나서 조회수를 확인하는 게 너무 설레요."

"Ava is a 'go-getter.'"

애바의 아버지는 애바를 '고-게터(go getter)'라고 표현했다. '고-게터'는 '한다면 하는 사람'이라는 뜻의 단어인데, 직관적으로 해석하면 '가서[go]', '얻는다[get]', 즉 '얻어낸다'라는 뜻이다. 실제로 애바는 반 친구들이 애바의 노트북에 붙은 스티커를 부러워하자, 직접 스티커를 디자인해 판매했고, 약 700달러의 수익을 올린 적이 있다. 무언가 하고 싶다는 마음이 들면 주저 없이 실행하는 아이였고, 부모는 그런 애바의 성향을 억누르기보다는 지지하고 뒷받침해 주는 쪽이었다.

애바의 어머니는 말했다.

"Why should we allow them to stop her? I think we just

had to allow her to make a decision and sort of support her. I think it's going to help her heal. 왜 우리가 그를 막아야 하나요? 왜 정신적으로 문제 있는 몇몇 사람들 때문에, 애바가 좋아하는 일을 그만두게 해야 하나요? 우리는 그저 애바가 선택을 내릴 수 있게 해주고, 애바를 지지해 줘야 해요. 그게 애바를 치유할 수 있다고 생각합니다."

이 결정은 부모의 책임에 대한 질문을 던짐과 동시에 많은 비난을 야기했다. 부모는 자녀의 자유를 어느 정도까지 허용해야 하는가? 자녀가 겪을 위험을 예측해 통제하는 것이 책임인가? 아니면 스스로 선택하고 회복할 수 있도록 지원하는 것이 책임인가? 애바의 부모는 딸이 마주할 수 있는 위험을 인지했지만, 선택권을 자녀에게 넘겼다. 이들은 누군가에겐 무책임한 부모로, 또 누군가에겐 자녀를 존중하고 신뢰하는 부모로 비쳤다.

이 논쟁은 단순히 '부모의 잘잘못'을 따지는 데서 그칠 문제가 아니다. 애바의 사례는 청소년의 표현의자유와 자기 결정권, 그리고 그 자유가 현실의 위험과 어떻게 충돌하는지를 적나라하게 보여준다. 애바는 인플루언서 활동을 이어가기로 스스로 선택했다. 그 선택은 누군가에겐 무모한 섣부른 판단으로 받아들여졌고, 또 어떤 이들에게는 치유와 성장의 과정으로 읽혔다.

가능성은 오직 내 손안에 있다

스토킹으로 인해 목숨까지 위협받는 사건을 겪었지만 애바는 인플루언서 활동을 계속하기로 선택했고, 부모는 그 결정을 지지했다. 이 선택에 대해 여러분은 어떻게 생각하는가? 이론적으로는 자녀의 선택을 지지해 주는 게 맞다고 쉽게 결론 내릴 수 있다. 하지만 나는 영상을 준비하면서, 그리고 업로드한 이후 몇 년이 지난 지금까지도 이 문제에 대해 시원한 결론을 내리지 못하고 있다.

영상 속에서 나는, 애바처럼 어린 나이의 미성년자가 인플루언서가 되는 것에 대해 꽤 강하게 반대하는 입장을 밝혔다. 이유는 직접 경험한 크리에이터라는 직업적 특성 때문이다. 창작자는 단순히 콘텐츠를 생산하는 것을 넘어선다. 자신의 사생활, 외모, 가치관 등 '나'의 일부를 꺼내 세상에 보여주고, 사람들이 그것을 소비함으로써 비로소 가치를 인정받는다.

하지만 '나'를 과하게 드러내는 순간, 소모되는 건 결국 창작자 자신이다. 그래서 자신을 지키기 위한 '적정선'을 설정하는 것이 중요한데, 이 선을 지키기란 정말 어렵다. 특히 온라인에서 활동하는 크리에이터는 자신을 소비하는 사람과의 거리가 매우 가깝다.

영상을 올리면 댓글이라는 짜릿하고 즉각적인 반응이 창작자의 개인 페이지에 우수수 쏟아지고, '조회수'라는 성과는 누구나 볼 수 있는 숫자로 드러나며, 이는 곧 수입으로 연결된다. 이런 구조 안에서 창작자가 판단력을 잃고 경계를 넘기란 너무도 쉬운 일이다.

성인들도 이 유혹을 견디기 쉽지 않은데, 아직 경제적 자립 능력이 없는 미성년자가 이런 환경에 노출되면 그 위험성은 배가된다. 자아 형성이 채 끝나지 않은 시기의 미성년자는 타인의 평가에 특히 민감하다. 댓글에 과도하게 기뻐하고, 타인의 평가에 맞춰 자신을 변화시키려는 경향이 커질 수 있다.

애바는 "인기와 영향력이 높아지는 게 좋다"라고 말했다. 하지만 나는 인기든 영향력이든, 그것이 내 통제 밖에 있다면 결코 온전한 '내 것'일 수 없다고 생각한다. 통제할 수 없는 무언가에 집착하며 살아가는 삶은, 특히 아직 세상을 충분히 경험하지 못한 이들에게는 매우 위험하다.

이쯤 되면 "너무 미성년자의 판단력을 과소평가하는 거 아니야?"라는 의문이 생길 수 있다. 나도 그런 고민을 했다. 하지만 내가 이 입장을 고수하는 이유는 단순하다. 미성년자 시절의 나와 성인이 된 지금의 내가 크게 달라졌음을 경험했기 때문이다. 그럼에도 불구하고 나는 자녀가 원한다면 부모가 그 길을 무작정 막아서는 안 된다고 생각한다. 부모의 지혜와 경험은 자녀에게 큰 도움이 될 수 있다. 하지만 최종 선택에 대한 권리는 자녀에게 있어야 한다.

"부모는 자녀의 선택에 전혀 간섭해선 안 된다"라거나, "부모의 걱정과 조언은 무시하라"라는 말을 하려는 게 아니다. 부모의 훈육은 여전히 매우 중요하다. 나 역시 부모님의 말 한마디에 큰 도움을 받았다. 유튜브 활동 초기에 콘텐츠 제작에 너무 몰입해 중심을 잃을 뻔했던 적이 있다. 그때 부모님은 이렇게 말씀하셨다.

"네가 하는 일이 네 인생의 전부가 절대 아니야. 중심을 잃지 마."

그 말은 지금도 내 마음에 깊이 남아 있고, 이후 인플루언서 활동을 하면서 힘든 상황을 마주할 때마다 나를 붙잡아 주었다.

부모와 자식처럼 아주 가까운 관계조차도, 타인은 나의 인생을 대신해서 살아줄 수 없다. 내 선택을 완전히 통제할 수도 없다. 스스로 선택한 길로 나아가는 내가 흔들릴 때 잠시 멈춰 숨을 고를 수 있게 도와주거나, 더 안전하게 나아갈 수 있게 함께 고민해 주는 것이 나와 특별한 관계를 맺은 타인이 할 수 있는 최선이다.

그렇기에 아무리 부모라도 자녀의 선택을 섣불리 막거나 통제해서는 안 된다. "안 돼!"라는 단정적인 태도는 자녀가 부모와의 상담 자체를 포기하게 만든다. 보호를 위한 통제가 자녀를 더 위험한 길로 내모는 결과를 초래하는 셈이다. 사랑하는 마음이 클수록 걱정이 커지고, 걱정이 커질수록 통제하고 싶은 욕구도 함께 커진다. 그 통제 욕구를 잘 관리하지 못하면 오히려 사랑하는 대상을 홀로 방치하게 되는 역설적인 결과를 맞기도 한다. 그러니 나와 가까운, 특히 내가 사랑하는 사람일수록 선택권을 빼앗고 통제하기보다는 함께 머리를 맞대고 고뇌하는 단계가 반드시 선행되어야 한다. 설득과 회유는 그다음이어도 늦지 않다.

부모, 선생님, 선배, 친구, 연인 등 친밀한 타인에게 의견을 구하는 것을 망설이라는 말이 아니다. 선택과 판단의 순간에는 나에게 주어진 모든 자원을 최대한 적극적으로 활용해야 한다. 부모의 조언 역시 그 자원 중 하나다. 다만 기억해야 할 것은, 타인이 내 선택에 어디까지 관여할 수 있을지 허락하는 것 역시 오롯이 내 몫이라는 사실이다.

우리는 스스로 선택을 내리며 그 결과에 책임지는 훈련을 해야 한다. 그 훈련을 통해 우리는 내면의 '나'와 깊이 연결되고, 스스로에게 가장 든든한 친구이자 보호자로 거듭나게 된다. 그 소중한 경험의 기회를 '선택의 스트레스와 두려움'에 빠져 날려버리지 않기를 바란다.

내가 꼭 전하고 싶은 하나의 문장이 있다.

"어떤 상황에 놓이든, 우리에게는 언제나 선택권이 있다."

살다 보면 누구나 한 번쯤은 우울과 무기력 속에서 허우적거리는 구간을 마주한다. 엄청난 파도가 나를 덮칠듯한 기세로 밀려오는데 내가 할 수 있는 건 아무것도 없다고 느껴질 때의 무력감, 근원지를 찾아내기 어려운 거센 절망감. 그 순간의 깊이와 세기는 저마다 다르겠지만 나 역시 그 구간에 머물러봤기 때문에, 그 순간의 당혹스러움을 조금은 안다.

하지만 어떤 순간이더라도, 우리는 여전히 선택할 수 있다. 흔들리고 있을지라도, 선택을 내릴 수 있는 힘은 당신의 손안에 있다. 두려움에 갇혀 스스로의 가능성을 외면하지 않길 바란다. 내 손에 쥐어진 선택권은, 삶을 바꿀 수 있는 가장 소중한 열쇠다. '내가 내 삶을 결정지을 수 있다'라는 감각. 그 가능성에 대한 자각이야말로 인간 존재의 본질이다.

Not I, not anyone else can travel that road for you,

You must travel it for yourself.

It is not far, it is within reach,

Perhaps you have been on it since you were born, and did not know,

Perhaps it is everywhere on water and on land.

나도, 다른 누구도 너를 대신해 그 길을 걸어줄 수는 없다.

너는 반드시 스스로 그 길을 걸어야 한다.

그 길은 멀지 않다, 손 닿는 곳에 있다.

어쩌면 네가 태어난 순간부터 이미 그 길 위에 있었는지도 모른다.

어쩌면 그 길은 물 위에도, 땅 위에도, 어디에나 놓여 있을지 모른다.

- 〈Song of Myself(나의 노래)〉 46절,

월트 휘트먼(Walt Whitman)

02

쫄지 마, 완전히 망하는 일은 없어

완벽한 선택은 존재하지 않는다

"알간지 님! 인생이 선택의 연속이고, 우리는 어쩔 수 없이 계속해서 선택을 내려야 한다는 걸 잘 알고 있습니다. 하지만 선택의 중요성을 자각할수록 두려워져요. 좋은 선택을 내려야 한다는 압박이 몰려오고, 잘할 수 있을까 하는 자기 의심도 드 네요. 어떻게 하면 좋을까요?"

이 책의 1장은 '선택'에 집중되어 있다. 어떤 이들은 이 장에 서 '좋은 선택'을 내리는 마법 같은 비책을 기대했을지도 모른 다. 하지만 미리 말해두자면 그런 비책은 없다. '좋은 선택'이라 는 게 애초에 존재하지 않기 때문이다.

우리가 흔히 '좋은 선택'이라고 평가하는 것들은 대부분 그 '결과'가 좋은 것들이다. 입시 전략을 잘 짜서 원하는 대학에 간 경우, 시기를 잘 맞춰 투자해서 큰 수익을 올린 경우처럼 말이다. 어떤 사람들은 이런 선택을 '신의 한 수'라고 부르기도 한다.

그렇다면 '신의 한 수'를 배움으로, 노력으로 알아낼 수 있을까? 아니다. 그 전에 우리는 '선택이란 무엇인가'에 대한 본질적인 물음을 던져야 한다. '선택'의 속성을 제대로 인지한다면, '신의 한 수'는 존재하지 않음을 알게 된다. 내가 내린 한 번의 선택이 인생을 완전히 바꾸는 일은 거의 없다. 이 말이 누군가에게는 실망스럽게 들릴지도 모른다. 지금의 삶이 고단하고 답답해서, 어딘가에 '내 삶을 단번에 바꿔줄 단 하나의 선택'이 있기를 바라고 있을지도 모른다. 하지만 이렇게도 생각해 보자. "한 번의 선택으로 인생이 바뀌지 않는다"라는 말은, 반대로 "한 번의 실수로 인생이 망하지도 않는다"라는 뜻이기도 하다. 신의 한 수로 인생을 바꾸고 싶은 욕망에 빠져 있거나 혹은 선택 한 번 잘못 내리면 인생이 망할 것 같은 두려움에 젖어 있다면, 그건 지금 자신의 인생을 걸고 도박을 시도하고 있다는 신호다.

우리는 종종 인생을 도박처럼 생각한다. 한 수만 잘 두면 인생을 바꿀 수 있다는 환상, 반대로 한 수 잘못 두면 모든 걸 잃을지도 모른다는 공포. 그런 식으로 인생을 바라본다면, 우

The fantasy that one perfect move can change everything, or the fear that one wrong move can ruin it all-both mean you're gambling with your life. But why turn your life into a poker table at all?

한 수만 잘 두면 인생을 바꿀 수 있다는 환상,
반대로 한 수 잘못 두면 모든 걸 잃을지도 모른다는 공포.
굳이 우리 스스로 인생을 도박판으로 만들 필요는 없지 않은가.

리는 끊임없이 불안해질 수밖에 없다. 너무 피곤한 삶이다. 굳이 우리 스스로 인생을 도박판으로 만들 필요는 없지 않은가.

심리학에는 이와 관련된 흥미로운 개념이 있다. 바로 '결과 편향(Outcome Bias)'이다. 미국 펜실베이니아 대학 심리학 교수 조너선 배런(Jonathan Baron)과 존 허시(John C. Hershey)가 진행한 공동 연구에서 조명된 개념인데, 결과에 따라서 선택의 옳으냐 그르냐를 따지게 되는 경향을 말한다. 연구팀은 먼저 실험 참가자들에게 한 환자의 사례를 들려주었다.

환자는 55세 남성, 심장 질환으로 인한 가슴 통증 때문에 일을 그만둬야 했다. 그는 일을 계속하고 싶어 했지만, 일은커녕 여행이나 여가 활동과 같은 일상생활에도 지장이 있을 정도였다. 이런 상황에서 의사는 수술 여부를 결정해야 했다. 옵션은 두 가지다.

A : 심장 우회술을 진행한다. 흉통이 개선되고, 예상 수명이 65세에서 70세로 늘어난다. 하지만 8%의 확률로 사망할 수 있다.

B : 수술하지 않는다. 흉통 때문에 힘든 일을 하거나 여행을 갈 수 없고, 기대 수명은 65세이다.

의사는 A를 선택했다. 이 사례를 듣고 참가자들은 의사의 선택에 대해 평가해야 했다. 의사의 결정이 얼마나 적절했는지,

전문성과 유능함, 그리고 내가 환자라면 이 의사에게 수술 여부를 맡길 의향이 있는지를 물었다.

여러분이 환자라면 어떤 선택을 내리겠는가. 나는 A를 선택할 것 같다. 일도 못 하고, 아프고, 여행도 못 가고 여가 활동도 못 하고…. 나이도 젊은데 너무 슬프지 않은가. 죽음은 무섭지만 그래도 수술을 택하겠다.

조녀선 배런과 존 허시는 실험 참가자들을 절반으로 나눠서, 1번 그룹에는 수술 결과가 성공적이어서 환자가 살았다는 정보를 주었고, 2번 그룹에는 수술 후 환자가 사망했다는 정보를 주었다. 실험 결과, 참가자들은 의사가 동일한 상황에서 동일한 선택을 내렸음에도 의사의 능력을 정반대로 평가했다.

1번 그룹은 의사의 판단력을 높게 보고, 유능하다고 평가했다. 반면 2번 그룹은 의사의 선택을 부정적으로 평가하고 전문성을 의심했다. 의사는 같은 선택을 했지만, 결과에 따라 선택에 대한 평가는 바뀌었다. 이 실험은 우리가 얼마나 결과 중심으로 선택을 평가하고 있는지를 보여준다. '좋은 선택'처럼 보이는 것들은 사실 좋은 결과가 만들어낸 환상에 가깝다. 다시 말해, '좋은 선택'이란 그 자체로 존재하는 것이 아니라, 결과에 따라 뒤늦게 씌워지는 평가의 필터일 뿐이다.

인생에는 수많은 변수가 존재한다. 재능, 가치관, 인간관계, 경제력 등. 우리는 다 다르게 '생겨먹었기'에 그 변수들은 다 다르게 작용한다. '절대적으로 좋은 선택'이란 존재하지 않는다는 진실은 나쁜 소식이 아니라, 오히려 안심할 만한 소식이다. 어떤 선택이든, 심지어 지금 최악의 선택으로 보이는 그것이 좋은 선택으로 뒤바뀔 가능성 역시 존재한다는 뜻이기 때문 이다.

나의 인생 알고리즘을 바꿔라

무엇을 선택하느냐는 아주 중요하다. 내가 지금 내리는 선택이 다음 선택에도 영향을 주기 때문에 크게 보면 인생 전체에 영향을 미친다. 그래서일까. 선택의 중요성을 알면 알수록 오히려 더 쫄린다. '이거 잘못 고르면 인생 망하는 거 아냐?' 싶은 불안감에 움츠러든다. 혹은 과거의 선택에 대한 후회가 밀려오고, 이 상황을 어떻게 수습해야 할지 막막해질 수도 있다. 하지만 선택 앞에 지나치게 불안해할 필요는 없다. 우선 선택이 인생에 어떤 식으로 영향을 미치는지 이해해 보면 그 부담감은 줄어들 것이다.

예를 들어보자. 인생은 유튜브 알고리즘과 매우 닮았다. 내 유튜브 피드에 뜨는 동영상은 내가 이전에 시청한 영상들에 기반해 생성된 알고리즘으로 결정된다. 한때 나는 식물이 빠르게 자라는 타임랩스 영상에 빠져 매일같이 봤다. 그 결과 피드는 온갖 식물 영상으로 도배가 됐다. 그러다 어느 순간부터 식물 포자와 관련된 영상이 내 피드에 뜨기 시작했는데, 아는 사람은 알겠지만, 이파리에 붙은 포자 알갱이는 매우 징그럽다. 그때부터 나는 내 피드에 뜨는 식물 영상을 클릭하지 않고, 다른 주제의 영상을 적극적으로 검색하고 보기 시작했다. 그렇게 나는 내 유튜브 알고리즘을 바꿨다.

이 과정은 내가 내리는 선택들이 인생에 영향을 끼치는 과정과 동일하다. 몇 번의 '잘못된' 선택으로 생성된 알고리즘이 내 삶에 불쾌하고 징그러운 것들을 들여보낼 수도 있다. 그럴 때 중요한 건 '쫄지 않는 것'이다. 괜히 쫄지 말고 정신 똑바로 차리고 이 순간부터, 내가 가고 싶은 방향을 의식적으로 선택하면 된다.

선택권은 늘 내 손에 있다. 당장 사용하지 않으면 사라지는 것도 아니다. 내 '인생 피드'에 이상하고 부정적인 상황이 떠오르면 "나와" 하고 원하는 방향을 향해 하나씩 다시 선택하면 된다. 다시 말하지만, 인생 피드에 이상한 영상이 떴다고 해서 내 인생 전체가 잘못되는 건 아니다. 내가 클릭하지 않으면, 그건 곧 사라진다. 내가 그 영상에 의미를 부여하지 않으면, 그것은 더 이상 영향을 주지 못한다. 중요한 건, 상황에 대한 인식이다. 상황에 말리지 않고, 내가 원하는 방향으로 계속해서 다른 선택을 해나가는 것이다. 그러다 보면 나를 둘러싼 상황이 바뀌면서 삶의 알고리즘도 달라진다.

이와 비슷한 삶을 살다 간 사람이 바로 작가 오 헨리(O. Henry)다. 그의 본명은 윌리엄 시드니 포터(William Sydney Porter)였다. 필명 오 헨리는 교도소에 복역하던 시절 근무하던 교도관의 이름인 '오린 헨리'에서 유래했다는 설이 유력하다. 세계적인 작가로 명성이 드높은 오 헨리가 전과 경력이 있었다는 사실이 놀랍지 않은가. 그는 어떤 삶을 살았기에 감옥까지 가게 된 것일까?

오 헨리는 원래 약사였다. 그는 열다섯 살부터 삼촌이 운영하는 약국에서 일하다가 열아홉 살에 정식 약사 면허를 취득했다. 하지만 건강 때문에 약국을 그만두고 목장 일꾼, 우체국 사무원 등의 다양한 직업을 전전하다 은행원으로 일하기 시작했다. 하지만 은행 자금을 횡령한 혐의로 기소당하면서 그의 인생은 꼬이기 시작했다. 처벌이 무서워 도망을 갔지만, 아내의 병세가 위독하다는 소식을 듣게 되고 결국 자수하면서 감옥에 수감되기에 이르렀다.

여기까지 보면 오 헨리의 인생은 매우 부정적이다. 범죄를 저지르고 도망 다니느라, 병에 걸려 아픈 아내 곁에 있지 못했고, 결국 죄수 신분으로 전락했다. 하지만 그는 감옥에서 글을 쓰기로 '선택'했다. 그는 교도소 내 약국 직원으로 일하며 틈틈이 소설을 쓰고 잡지에 투고했다. 바로 '오 헨리'라는 필명이 탄생하는 순간이었다. 그는 감옥에서 작가로 거듭났고, 모범수로 가석방된 뒤 뉴욕에 거주하면서 2년 동안 무려 100편이 넘는 단편을 쏟아냈다. 그 가운데 하나가 너무도 유명한 〈마지막 잎새〉이다.

오 헨리는 살면서 여러 번의 악수를 두었다. 은행 자금을 횡령한 게 첫 번째 악수다. 자신의 과오를 인정하지 않고 도망치느라 아픈 아내를 떠난 게 두 번째 악수다. 잘못된 선택으로 범죄자가 되었고, 병으로 죽어가는 아내와 더 많은 시간을 보내지 못했다. 무엇보다 가족에 대한 죄책감과 상처는 회복하기가 쉽지 않다. 어느 모로 보나 어두운 삶이었다. 하지만 글을 쓰기로 선택함으로써 그는 자신의 인생을 전혀 다른 방향으로 바꾸었다. 자신의 손에 쥐어진 '선택권'을 제대로 사용하기 시작한 거다.

오 헨리가 삶을 대하는 시선을 보여주는 인상적인 일화도 있다. 한 지인이 "뉴욕에서 주목할 만한 삶을 사는 사람은 400명뿐"이라고 말하자, 오 헨리는 단호하게 응수했다. "400명이 아니라, 400만 명은 됩니다." 당시 뉴욕시의 전체 인구가 400만 명이었다. 오 헨리는 자신의 작품집 제목을 《The Four Million(400만 명)》이라고 붙이며, 그 누구의 삶도 가치 없거나 무의미하지 않다고 설파했다.

그의 말처럼 우리 모두는 '주목할 만한 존재'이다. '나의 삶'

은 나의 선택으로 그 모습이 결정된다. 당신도 알고 있듯, 알고 리즘은 바뀐다. 삶도 마찬가지다. 단 선택을 멈추지 않는 사람만이 그 변화를 만든다. 어느 순간에 있든 계속해서 선택을 내려야 한다는 사실은 굉장한 행운이다. 당신의 삶을 바꿀 '신의 한 수'는 따로 있는 게 아니다. 그건 바로, 쫄지 않고 계속해서 선택하는 당신의 손끝에 있다. 원하는 방향을 찾고 그에 조준해 선택을 내려라. 그것으로 충분하다.

We never know how high we are
Till we are asked to rise.
And then if we are true to plan
Our statures touch the skies.

우리는 우리가 얼마나 높이 올라갈 수 있는지,
일어서라는 요구를 받기 전까지는 알지 못한다.
그리고 그 요구에 충실할 수 있다면,
우리의 키는 하늘에 닿는다.

– 에밀리 디킨슨(Emily Dickinson)[*]

---

[*] 미국의 시인으로 1,775편에 이르는 많은 시를 남겼다. 시의 제목은 따로 붙여지지 않았으며, 위 시는 토머스 존슨 편집자의 편집 번호 체계에 따른 1176번이다.

DOUBLE CLICK

What we call a 'good choice' is often just the illusion created by a good outcome.

'좋은 선택'처럼 보이는 것들은
사실 좋은 결과가 만들어낸 환상에 가깝다.

정답 없는 시험에서 답을 찾는 법

앞서 말했듯, 절대적으로 '좋은 선택'은 존재하지 않는다. 의문이 들지도 모른다. 아니, 2010년으로 돌아갈 수 있다면 비트코인에 투자하는 선택을 내리는 게 절대적으로 좋고, 학창 시절 열심히 공부해서 좋은 대학에 가는 게 절대적으로 좋고, 어릴 때부터 운동을 열심히 해서 건강을 지키는 게 절대적으로 좋은 선택 아닌가? 하지만 이 모든 질문은 하나의 전제를 깔고 있다. "선택의 결과가 똑같이 나온다"라는 가정. 비트코인에 투자했다고 모두가 부자가 되진 않는다. 팔 시기를 놓치거나, 중간에 쫄아서 손절할 수도 있다. 공부를 열심히 한다고 명문대 입학이 보장되지는 않는다. 건강을 지키려고 운동을 열심히 했지만 자고 일어났더니 갑자기 허리가 아플 수도 있다. 결과가 보장되는 선택은 없다. 똑같은 선택을 해도, 사람마다 상황마다 결과는 달라진다. 그래서 절대적으로 '좋은' 선택이란 건 존재할 수 없다. 어떤 선택이 좋았는지는 시간이 지나 봐야 알 수 있다.

같은 선택을 했지만, 완전히 다른 결과를 맞은 사례는 수없이 많다. 예를 들어보자. "유명한 배우가 되려면 드라마가 아니라 영화를 찍어야 한다"라는 판단 아래 잘나가는 드라마에서 하차하는 선택을 내렸다고 해보자. 이 선택은 과연 성공했을까? 실패했을까? 실제로 이 선택을 내린 두 사람의 배우가 있다. 바로 조지 클루니와 데이비드 카루소다.

조지 클루니는 1999년, 미국 내에서 최고의 인기를 누리던 의학 드라마 〈ER〉에서 하차하고 "영화에 집중하겠다"라고 밝혔다. 결과는 대성공이었다. 쿠엔틴 타란티노 원작의 〈황혼에서 새벽까지〉로 영화계에 데뷔하여 로맨틱 코미디 〈어느 멋진 날〉, 〈배트맨과 로빈〉 등에 연달아 출연한 그는 이 선택으로 할리우드 최고의 배우로 자리 잡았고, 아카데미상 수상자이자 감독으로도 성공했다.

데이비드 카루소는 어땠을까? 그는 경찰 수사 드라마인 〈NYPD 블루〉에서 한 시즌 만에 하차하고 영화계로 방향을 틀었지만, 출연작인 영화 〈제이드〉는 흥행에 참패했고, 결국 다시 TV 드라마로 돌아갔다.

두 사람은 같은 선택을 내렸지만, 결과는 달랐다. 같은 선택 다른 결과, 그 차이를 만든 건 시기, 환경, 타이밍 그리고 개인적 역량 같은 변수들이었다. 즉 남이 성공했다고 해서 나도 성공한다는 보장은 없고, 반대로 남이 실패했다고 해서 내가 실패하게 되는 것도 아닌 것이다. 그 어떤 선택도 결과를 장담할 수 없다. 그런데도 우리는 정답이 있을 거라는 착각에 빠져, 성공이라는 답 하나에만 매달린다. 인생이 바로 정답 없는 시험지인 것을 모른 채.

다시 한번 이런 의문이 들지도 모른다. '그래도 여전히 인생에는 어느 정도의 답이 있지 않나요?' 예를 들어 웬만하면 대학은 가는 게 좋고, 결혼은 하는 게 좋고, 아이는 낳는 게 좋고, 돈은 많을수록 좋은 것 아니냐는 식의 생각. 사실 이런 얘기는 어느 정도 진리처럼 여겨진다. 하지만 우리가 '정답'처럼 여기는 선택들은 대부분 사회 속에서 다수가 선호해 온 '안전한 선택지'에 불과하다.

'모두가 지향하는 안전한 선택'을 이해하려면 '국가'라는 시스템을 살펴볼 필요가 있다. 조금 냉소적인 시선일 수 있지만, 국가는 국민을 잘 먹이고 입히고 교육해서 우수한 노동자를 최대한 많이 양산하는 미션을 수행 중이다. 우수한 노동자가 많아야 국가 경제가 유지되고, 경제가 유지돼야 인구도 유지되며, 인구가 유지돼야 국력도 유지되기 때문이다. 국가는 단지 자신의 역할을 수행하고 있을 뿐이다. 이런 구조 안에서 사람들은 같은 목표를 지향하게끔 유도된다. 그래야 국가가 관리할 변수가 줄고, 각 분야에 맞는 건강한 노동자로 기능할 수 있기 때문이다. 고등교육을 받고, 안정적인 직장을 얻고, 결혼하고, 아이를 낳고, 부동산을 소유하는 삶. 우리는 이를 '모범적이고 안전한 삶'이라고 부른다. 그 과정에서 사람들은 서로를 곁눈질한다. 서로를 확인하고, 평가하며 자신의 위치를 가늠한다. '남들도 다 저렇게 하니까'라는 이유로, 특정한 목표들이 마치 정답처럼 각인된다. 자연스럽게 개인의 선택지는 줄어들고, 사회가 미리 깔아놓은 레일 위를 걷게 된다. 다수가 선택한 방향은 곧 사회적 정답이 되고, 그 길을 따르지 않는 사람은 어딘가 부족하거나 어긋난 사람처럼 여겨진다.

우리가 정답이라 여기는 길은 사회에서 도태될 확률이 아주 낮은 선택지이다. 그게 잘못되었다는 뜻은 아니다. 사회에서 살아남고, 도태되지 않아야 인간은 유전자를 남길 수 있다. 그런 의미에서 '안전한 선택지'는 생물학적으로 아주 높은 가치를 지닌다. 하지만 당연하게도 그 '안전한' 선택지가 모두에게 '최선'일 수는 없다.

안전한 선택지가 나에게 최선이 아님을 자각하고 나면 우리의 삶은 '정답 없는 시험지'가 된다. 정답이 있는 시험문제를 풀 때는 보통 출제자의 의도를 파악해야 하지만, 정답이 없다면 파악해야 할 대상은 '출제자'가 아니라 '나'다. 정답이 없는 시험지에서 가장 중요한 건 '나'라는 말이다.

인생을 구성하고 있는 크고 작은 문제들을 마주하며 내가 어떤 생각을 하고, 어떤 감정을 느끼고, 어떤 결심을 하게 되는 지를 찬찬히 들여다보는 것. 그렇게 '나'를 중심에 두고 시험지를 탐색하다 보면 어느새 시간은 훌쩍 지나 있을 것이다. 여러 번 강조했듯, 좋은 선택, 신의 한 수, 정답 같은 건 없다. 그 사실을 자각하는 용기를 낼 수 있다면, 그다음부터 우리는 아주 흥미로운 무언가를 마주하게 된다. 바로 점점 또렷해지는 '나'라는 존재다.

Myself when young did eagerly frequent

Doctor and Saint, and heard great argument

About it and about: but evermore

Came out by the same door as in I went.

젊은 날, 나는 학자와 성인을 찾아다니며

그들에게서 많은 논쟁과 설명을 들었지만,

결국 언제나

들어갔던 그 문으로 다시 나올 뿐이었다.

– 오마르 하이얌(Omar Khayyam)[*]

오리지널리티는
선택의 누적에서 만들어진다

"Nobody can counsel and help you, nobody.

There is only one way: go into yourself.

아무도 당신에게 충고나 도움을 줄 수 없습니다.

단 하나의 방법이 있을 뿐입니다. 자신의 내면으로 들어가십

시오."

－《젊은 시인에게 보내는 편지》,

라이너 마리아 릴케(Rainer Maria Rilke)

모든 사람에게 절대적으로 옳은, 정답 같은 선택지가 없다면

결국 우리가 집중해야 할 대상은 나 자신밖에 남지 않는다. 나

를 깊이 들여다보고, 무엇이 내게 최선인지 치열하게 고민할수록 '나'라는 존재는 점점 더 선명하게 드러난다.

여기서 "나를 선명하게 한다"라는 말은 자신을 특정한 정의에 가두는 것이 아니라, 있는 그대로 바라보는 것을 의미한다. 우리는 선택하기에 앞서, 타인의 시선을 먼저 고려하곤 한다. 내가 원하는 것을 나 자신에게 묻기보다, 다른 사람은 어떻게 생각하는지에 대해 궁금해하고 그것을 알아내는 데 더 많은 시간을 할애한다. 그렇게 외부의 시선에만 집중할수록 내면의 '나'는 흐려진다. 하지만 일단 '나'에게 눈을 돌리기 시작하면, 감춰진 '나'가 더 잘 보이게 되고, 외부와 내부 사이에서 균형을 맞추게 된다. 무조건 '나'만 보고 타인과 주변 환경을 무시하라는 말이 아니다. 다만 선택의 과정에서 '나' 또한 중요한 요소라는 사실을 잊지 말라는 것이다.

자신을 선명하게 볼 줄 알고, 정확히 이해하고, 잘 다루는 것은 큰 강점이 된다. 그 예로 할리데이비슨(Harley-Davidson)을 들어보자. 1980년대 초, 미국 오토바이 제조사 할리데이비슨은 일본 오토바이 제조업체에 밀려 시장 점유율이 급락하는 위기를 맞았다. 위기를 타개하기 위해 당시 세계 1위 기업이던 일본 토요타 자동차의 생산 방식을 그대로 가져와 적용했다. 잘나가는 기업의 성공 공식을 따라 하면 위기를 타개할 수 있을 거라 기대했지만 결과는 참담했다. 할리데이비슨의 미국 시장 점유율이 70%에서 28%까지 떨어졌고, 주가는 폭락했으며

DOUBLE CLICK

Once you turn your gaze inward, the hidden self begins to appear and balance follows.

'나'에게 눈을 돌리기 시작하면, 감춰진 '나'가 더 잘 보이게 되고,
외부와 내부 사이에서 균형을 맞추게 된다.

회사가 매각되는 상황까지 이르렀다. 이후 경영권을 되찾은 할리데이비슨은 토요타식 경영전략을 버리고, 자사의 조직문화를 강화하고 자유를 상징하는 할리데이비슨만의 브랜드 이미지를 강화하여 시장 점유율을 점차 회복했다.

위기가 닥쳤을 때 자신을 명확하게 파악하는 사람은 그 위기를 빠르게 극복할 수 있다. 사람은 불안해지거나 욕심이 생기면 무작정 다른 사람의 성공 방식을 따라 하려고 한다. 하지만 이는 결코 좋은 전략이 아니다. 단순히 성공할 확률이 낮아서 문제가 되는 게 아니다. 만약 따라 한 방식이 실패로 끝난다면 오히려 다행이다. 진짜 문제는 운 좋게 따라 해서 잠깐 성공하는 것이다. 그런 성공은 자기 자신을 제대로 파악하지 않고 이루어진 일회성의 성공, 즉 '원 히트 원더(one-hit wonder)'로 끝날 가능성이 크다. 원 히트 원더의 가장 큰 폐해는 아이러니하게도 성공의 원인이 불분명하다는 것, 성공의 원인을 실패의 원인보다 훨씬 찾기 어렵다는 데 있다.

"성공은 실패보다 배우기 어렵다."

2011년 《하버드 비즈니스 리뷰》에 실린 한 논문[프란체스카 지노(Francesca Gino)와 게리 피사노(Gary P. Pisano)]은 '성공이 실패를 낳는 함정(Success Breeds Failure Trap)'을 제시한 바 있다. 사람들이 실패한 뒤에는 실패의 원인을 명확히 분석하지만, 성공했을 때는 그런 성찰을 거의 하지 않는다는 것이다. 결국 성공의 이유는 제대로 분석되지 않고 모호한 상태로 남아 있게 된다.

톨스토이는 "모든 행복한 가정은 비슷하지만, 불행한 가정은 제각각의 이유로 불행하다"라고 말했다. 생물학자 재러드 다이아몬드(Jared M. Diamond)는 이 말을 '안나 카레니나 법칙'으로 재해석했는데, 이는 여러 가지 요인 중 하나라도 부족하면 노력이 실패로 이어진다는 뜻이다. 결국 실패의 원인은 분명하게 드러나기 쉽지만, 성공을 결정하는 요소는 복잡하고 유기적이며 모호하다. 따라서 표면적으로 성공한 사례를 따라 하는 것은 그만큼 실패할 가능성이 커지는 것이다.

물론 세상에 완전한 오리지널리티는 없다. 하늘 아래 새로운 것이 있냐고도 한다. 인간은 무언가를 모방하고 참조할 수밖에 없다. 이 세상에 오롯이 나 혼자만의 생각으로 창조해 낸 게 어떻게 존재하겠는가. 중요한 것은 수많은 참고 자료와 사례 가운데서 자신의 기준과 명확한 의도를 가지고 선택하는 것이다. 나의 의도를 담아 선택한 레퍼런스는 나의 색깔이 섞이고 결국 일부 내 것이 된다.

즉 오리지널리티란, 어떤 기준으로 이러한 선택을 내렸는지 스스로 알고 있는 것을 말하며, 그렇게 자신만의 기준으로 의도된 선택을 쌓아가는 과정에서 만들어진다. 이 오리지널리티를 지키고 발전시킬 때 경쟁력이 생기고, 위기에 처했을 때 상황을 타개할 힘을 얻게 된다. 할리데이비슨이 타사의 성공 사례를 따라 하다 실패하고 다시 돌아와, 자사의 문화와 제품의 품질과 '자유'로 상징되는 마니아적 특성을 강화한 것처럼 말이다.

　인생이라는 정답 없는 시험지를 풀어가는 우리에게 필요한
건 '나만의 오리지널리티'다. 그것을 유지하고 키우는 일은 내
가 왜 그런 선택을 내리는지 그 이유를 항상 명확히 자각하는
데서 시작한다.

DOUBLE CLICK

The choices we call 'right' are usually just the 'safe ones' society prefers.

우리가 '정답'처럼 여기는 선택들은 대부분 사회 속에서
다수가 선호해 온 '안전한 선택지'에 불과하다.

우리는 모두 알 수 없는 길로 간다

선택을 앞두고 망설이는 가장 큰 이유는 '후회'다. 후회할까 봐 두려운 거다. 하지만 솔직히 인정하자. 후회는 어떤 결정을 내리든 피할 수 없다. 직장을 계속 다니든, 창업하든, 결혼하든 혼자 살든, 결국 우리는 선택하지 않은 길을 떠올리며 후회할 것이다. 혹 이 말을 듣고 "내가 그걸 모를 것 같냐?" 하면서 반감이 차오르지는 않는가? 그 마음, 나도 이해한다.

선택에 대한 중요성을 강조할수록, 마음속 깊은 곳에서는 수많은 의문과 두려움이 계속해서 차오른다. 리처드 도킨스(Richard Dawkins)의 저서 《이기적 유전자》에서는 유전자가 인간의 모든 행동을 좌우한다고 했다. 그렇다면 모든 것은 이미 결정된 것이 아닌가? 어차피 내 배경과 환경이 선택의 폭을 제한하는데 내가 무엇을 선택한들 의미가 있을까?

자유 선택에 대해 의구심이 든다면 이미 짜여진 판 해맑게 즐기기라도 하면 될 텐데, 우리는 여전히 최선의 답, 안전한 답, 정답을 선택해야 한다는 압박감과 후회에 대한 막연한 두려움에 시달린다. 분명한 것은 유전자가 내 행동을 결정하고, 환경과 조건이 선택지를 빼앗아 갔더라도 우리는 계속해서 선택을 내려야 한다는 사실이고, 선택 전 느끼는 압박감과 불안감을 마주해야 한다는 점이다. 2000년대 초반에 등장한 '선택 장애'라는 이상한 단어가 지금은 자연스러운 일상용어가 된 것처럼, 선택의 갈림길에서 느끼는 부담감과 고통은 대다수의 사람에게 공통적인 경험이다. 1961년, 존 F. 케네디 대통령 취임식에 초대되어 축시를 낭송하는 영광을 누린 당대 최고의 작가도 선택 앞에서 느끼는 괴로움을 토로했다.

로버트 프로스트(Robert Frost)는 퓰리처상을 4번이나 받은 20세기 최고의 시인이다. 그는 〈선택하지 않은 길(The road not taken)〉이라는 작품을 통해 두 개의 선택지 앞에서 느끼는 망설임, 후회, 미련을 얘기했다.

The Road Not Taken

Robert Frost

Two roads diverged in a yellow wood,

And sorry I could not travel both

And be one traveler, long I stood

And looked down one as far as I could

To where it bent in the undergrowth;

Then took the other, as just as fair

And having perhaps the better claim,

Because it was grassy and wanted wear;

Though as for that, the passing there

Had worn them really about the same,

And both that morning equally lay

In leaves no step had trodden black.

Oh, I kept the first for another day!

Yet knowing how way leads on to way,

I doubted if I should ever come back.

I shall be telling this with a sigh

Somewhere ages and ages hence:

Two roads diverged in a wood and I-

I took the one less traveled by,

And that has made all the difference.

선택하지 않은 길

- 로버트 프로스트

노란빛 숲속, 길은 두 갈래로 갈라졌다
두 길을 모두 선택하기엔, 나는 그저 한 명의 사람이었기에
길 앞에서 오래도록 서 있었다
한 길이 덤불 속으로 굽어지는 데까지
가능한 멀리 내다보면서

그러다 다른 길을 선택했다
그 길이 더 나은 길일 거라고 생각하며
풀이 우거지고, 지나가는 이가 드물었기 때문에
사실, 사람들이 지나간 흔적으로 보자면
두 길은 정말 비슷했지만
그날 아침, 두 길은 정말 똑같았다

검게 물든 발자국 하나 없는 낙엽들로 덮여 있었다
아, 나는 훗날을 위해 다른 길 하나를 남겨두었노라!
길은 결국 하나로 이어지기에,
여기로 다시 돌아올까 의심하면서도

나는 먼 훗날 어디에선가

한숨과 함께 이 이야기를 풀겠지
숲속에 두 갈래 길이 있었고
나는 사람들이 덜 걸은 길을 선택했다고
그리고 그 선택이 모든 것을 바꾸었다고

시에 등장하는 여행자는 앞에 놓인 두 가지 선택지가 모두 아름답고, 이렇다 할 차이가 보이지 않아 고민한다.

결국 한쪽을 선택하고는, 내가 선택한 길이 더 나을 거라며 스스로를 위로한다. 언젠가는 나중을 기약한 길도 가보겠다고 다짐하지만, 마음속으로는 이미 알고 있다. 그 길은 다시 가지 못할 거란 사실을. 그래서 한숨을 쉬며, 먼 훗날 나의 선택에는 나름의 멋진 이유가 있었다고, 그 선택은 나의 인생에 지대한 영향을 준 순간이었다고 말하는 자신을 상상하며, 한 길만을 선택해야 하는 아쉬움과 괴로움을 다독인다.

재미있는 것은 많은 이들이 이 시를 "남들이 가지 않는 길을 선택하라"라는 맥락의 메시지를 전달하기 위해 인용한다는 점이다. 영화 〈죽은 시인의 사회〉에서도 키팅 선생이 학생들에게 이 시를 읽어주며, "Now, I want you to find your own walk. 이제 너희만의 길을 찾기를 바란다"라고 가르치는 장면이 나온다. 하지만 사실 이 시는 프로스트가 우유부단한 친구를 놀리려고 쓴 시다.

프로스트에게는 가족처럼 친한 토마스라는 친구가 있었다.

토마스는 희귀한 야생화나 새의 알이 있는 곳을 보여주겠다며 종종 프로스트를 들판이나 숲으로 데리고 나갔다. 그들은 도중에 자주 갈림길을 만났고, 하나의 길을 선택해야 하는 상황과 맞닥뜨렸다. 그런데 산책이 끝날 즈음 토마스는 항상 길을 잘못 든 것 같다며 아쉬워했다. 아름다운 야생화나 새알을 발견하지 못하는 날에는 자책감에 빠져 괴로워할 정도였다. 그 모습을 지켜보던 프로스트가 가볍게 놀리는 투로 말했다.

"너는 어떤 길을 고르든 간에 항상 한숨을 쉬고 '다른 길을 택할 걸…' 하고 후회하는구나."

그리고 얼마 뒤 시 한 편을 완성했다. 바로 〈선택하지 않은 길〉이었다. 토마스는 그 시를 보고 왜 자신을 조롱하느냐며 몹시 화를 냈다. 당황한 프로스트는 토마스가 자신의 유머를 이해하지 못했다면서 한숨을 쉬었다. 그러자 토마스가 소리쳤다.

"로버트! 이 시에 대해 네가 직접 설명하지 않으면 너의 유머는 누구도 이해하지 못할 거야!"

시간이 흘러 프로스트는 토마스의 말을 인정했다. 어느 대학에서 시를 낭송하고 난 뒤 프로스트는 다음과 같이 말했다.

"It was taken pretty seriously… I did my best to make it obvious by my manner that I was fooling… Mea culpa. 이 시는 생각보다 사람들에게 너무 심각하게 받아들여졌어요. 사실 친구에게 농담을 건네는 시라는 걸 알리려고 그간 최선을

다했지만…. 내 잘못이죠, 뭐."

이렇게 탄생한 프로스트의 시 〈선택하지 않은 길〉은 많은 이들에게 영감을 주었다. 시인의 의도와는 달리 남들과 다른 길을 선택하라고 용기를 부추기는 메시지로 말이다.〔영문의 '메아 쿨파(Mea culpa)'는 라틴어로 '나의 잘못'이라는 뜻이다.〕

모든 인간은 고뇌한다. 시의 주인공처럼 갈림길을 만나면 고개를 죽 빼고 길의 끝에 무엇이 있는지 살피느라 한참을 서성인다. 하지만 그 길의 끝에 존재하는 무언가의 정체는 예측할 수 없다. 아무도 모른다. 프로스트가 친구를 놀리려고 쓴 시가 많은 사람에게 자기 계발을 부추기는 시로 진지하게 받아들여질 줄은 예상하지 못했던 것처럼 말이다. 잊지 말아야 할 것은, 선택 앞에서 얼어붙지 않는 인간은 없다는 것. 아무리 고개를 빼고 예측하려 해도 우리가 선택한 길이 좋은지 나쁜지 미리 알 수는 없다. 선택의 결과는 아무도 단언할 수 없으며, '바로 이 길이다' 싶은 절대적인 길은 존재하지 않는다. 프로스트가 말하고 싶은 것은 바로 이것이 아니었을까.

그렇다면 이렇게 생각하고 출발해도 좋지 않을까? 무엇을 선택하든 그 선택이 나의 최선이 되도록 만들면 그만이라고. 어떤 길을 선택하든, 그 순간 내 마음에 들었으면 그만이라고.

나를
도울 수 있는
유일한 사람,
나

너를 위해 나를 사랑하겠어

"저는 늘 주위 시선을 신경 쓰며 살았어요. 상대가 불편할까 봐 제 감정이나 욕구는 항상 뒤로 밀어뒀죠. 이제는 제가 뭘 좋아하는지, 하고 싶은 게 뭔지 잘 모르겠어요. 지금부터라도 나를 중심으로 생각해 보려니 '내가 너무 이기적인 거 아닌가?' 하는 죄책감이 밀려오고 여전히 남 눈치를 보게 되네요. 도대체 어떻게 해야 할까요?"

타인의 감정, 분위기, 기대치를 헤아리는 일이 우선시되고, 그다음에 '나'가 고개를 내민다. 그로 인해 느껴지는 불편함. 누군가의 이 고백이 왜인지 익숙하게 들린다면, 타인을 사랑하는 방법에 변화를 줄 차례다. 내가 매 순간 절대 잊지 않으려고 노력하는 것이 있다. 바로 '나를 먼저 생각하는 태도'이다. 이기적으로 들릴 수도 있지만, 나는 확신한다. 나를 최우선에 두는 태도 즉 '자기 사랑'이야말로 진정으로 타인을 사랑하는 방법이다. 그렇게 확신하는 이유를 설명하기 이전에, 먼저 그 방법에 대해서 알아보자. '나를 최우선으로 생각하는 태도'는 어떻게 시작할 수 있을까?

나는 선택을 내릴 때, 지금의 결정이 나를 충분히 존중한 결과인지 스스로 묻는다. 내 건강 상태나, 감정 상태를 충분히 고려했는지, 그게 확실한지 점검한다. 그리고 지금의 선택으로 어떠한 결과가 나오더라도, 그 누구도 원망하지 않을 자신이 있는지 스스로에게 질문한다. '남 탓'이 나와 타인 모두에게 얼마나 끔찍한 영향을 미치는지 잘 알고 있기 때문이다. 내가 내린 모든 선택이 나에게 최선이었다고 확신할 수 있다면, 그 결과가 어떻든 결코 타인을 탓하거나 원망하지 않을 수 있게 된다. 그러나 내 욕망이 아닌 타인의 욕망이 투영된 선택을 내리고, 그로 인해 부정적인 결말을 맞았다면 나도 모르게 타인을 탓하고 원망하기 마련이다. 그 원망에서 벗어나기는 쉽지 않다. 좋지 않은 결과를 두고 타인을 탓하는 것만큼 잔인한 일은 없다. 내가 나를 존중하지 않으면 나도 모르는 새에 아주 잔인한 사람이 될 수 있다는 사실을 명심해야 한다.

"나를 먼저 생각한다"라는 것은 이기적으로 행동하는 것을 의미하지 않는다. 타인을 무시하거나 등을 돌리라는 뜻이 아니다. 타인이 내 욕구를 충족해 주기를 기대하기보다는 내 욕구를 스스로 알아차리고, 채우려 하는 건강한 태도를 말한다. 관계 안에서 우리는 자연스럽게 타인에게 기대를 건다. 하지만 기대는 높은 확률로 실망을 낳고, 실망은 상실감을 부른다. 운 좋게 충족된 기대는 더 큰 기대를 부르고, 결국 관계를 시험에 들게 한다. 모든 파국은, 내가 아닌 누군가에게 선택의 책임을 넘겼을 때 시작된다. 이 고리를 끊는 방법은 의외로 단순하다. 다시, 나에게로 시선을 돌리는 것.

나는 오래 고민했다. 어떻게 해야 타인에 대한 기대를 줄이고, 기대에 어긋났을 때 실망하지 않으며, 상실감의 고통에서 벗어날 수 있을까. 《사랑의 기술》의 저자 에리히 프롬(Erich S. Fromm)은 말했다.

"사랑은 받는 것이 아니라, 주는 것이다."

이 말을 좇아, 베푸는 마음으로 살아보려 애썼다. 하지만 나에 대한 이해가 선행되지 않는 베풂은 집착에 불과했다. 내 마음대로 무언가를 주고, 대가를 기대하며, 기대에 어긋나면 실망하는 것. 이렇게 반복되는 집착은 관계를 조용하고 확실하게 망가뜨린다.

나의 결핍과 갈증은 나만이 이해할 수 있다. 그 결핍과 갈증을 채워줄 '의무'가 있는 사람 역시 나뿐이다. 드물게 서로의 결핍을 알아보고 채워주며 모두 만족하는 관계가 존재할 수도 있다. 하지만 그런 기적을 바라며 지금의 나를 외면하기에는 우리는 너무 지쳤고 목마르다.

이 갈증을 풀 수 있는 길은 단순하다. 스스로 자신이 1순위임을 기억하면 된다. 항상 나를 최우선에 둘 것. 선택을 결정하기 전, 그 결정이 진심으로 내가 원하는 방향인지 스스로에게 물어보는 것이다. 누군가에게 다정한 말을 건네고, 배려하고, 가족에게 안부를 묻고, 선물을 전하는 것. 그 모든 것은 내가 기꺼이 하고 싶은 마음에서 비롯되어야 한다. 혹시 남을 배려하고 선행을 베풀면서 좋은 사람이라고 칭찬받고 인정받는 것을 욕망하고 있다면 즉시 멈춰야 한다. 내가 욕망하는 '인정'은 결코 타인으로부터 채워지지 않을 뿐만 아니라, 채워진다 한들 일시적일 뿐이다. 마시면 더 목이 마른 바닷물처럼 갈증만 더 심해질 뿐이다. 인정을 바라는 것이 아니라, 내가 진심으로 원해서 선행을 베풀고 있는데 왜인지 자신이 고갈되는 느낌이 든다면, 그것은 내가 '지쳤다'라는 분명한 신호다. 그 신호가 오면 내 에너지를 외부로 쏟아내지 말고 내부를 채워야 한다. 나에게로 시선을 돌려야 한다.

하나 명심할 것은 에너지가 부족해서 내부를 채워야 하는 순간이라 하더라도, 타인에게 쌀쌀맞을 필요는 없다는 것이다. 내 곁에 존재하는 사람들은 잘못한 것이 없다. 그들은 나와 대화하고, 사랑받고 싶어 할 수 있다. 그건 그들의 욕구일 뿐, 잘못된 것이 아니다. 다만 그들의 욕구에 아무런 잘못이 없듯, 내

DOUBLE CLICK

If you're doing something you truly love yet feel drained, it's not failure-it's simply your soul telling you you're tired.

내가 진심으로 원해서 어떤 일을 하고 있는데
왜인지 자신이 고갈되는 느낌이 든다면,
그것은 내가 '지쳤다'라는 신호다.

가 스스로를 채우기로 선택하는 것 역시 아무런 잘못이 없다. 그러니 죄책감도 적대감도 느끼지 말고, 지금은 스스로를 채워야 하는 시간임을 상냥하게 설명할 수 있어야 한다. 관계의 부재가 필요하다면, 나의 부재가 상대에게 너무 큰 상처가 되지 않도록 잘 설명해 주면 된다. 관계 속 오해를 줄이기 위한 그 상냥한 설명 역시 결국 나를 위한 것임을 명심하면서. 항상 나를 최우선에 두는 것, 그것이야말로 나와 타인을 모두 살리는 최선의 길이다.

'나'라고 해서 나를 함부로 판단할 자격은 없다

언제나 나를 최우선에 두는 것은 곧 나 자신을 열렬히 사랑한다는 의미이다. 결코 쉽지 않은 일이다. 어려운 일을 해내려면 단계를 잘게 쪼개서 하나씩 접근해야 한다. 마치 낙지탕탕이처럼, 낙지도 통째로 먹으면 위험하니까.

나를 우선시하고 사랑하는 방법 중 가장 선행해야 할 조건은 바로 '나를 함부로 판단하지 않는 태도'이다. 미국에는 유명한 밈이 있다.

"Do not kill the part of you that's cringe… kill the part that cringes. 당신의 오글거리는 부분을 없애지 마라. 그 부분을 오글거려하는 너를 없애라."

〈안개 바다 위의 방랑자〉(카스파르 다비트 프리드리히,
1818년)를 사용하여 만든 밈

나의 오글거리는 행동이 문제가 아니라, 그 행동을 부끄럽다
고 여기는 내면의 태도가 문제라는 말이다. 우리는 타인과 잘
어울리기 위해, 혹은 타인의 기대를 충족시키기 위해 스스로
끊임없이 평가하고 재단한다. 이 태도는 미국의 사회학자 찰
스 호튼 쿨리(Charles Horton Cooley)의 '거울 자아 이론(looking-
glass self)'과도 연결된다. 인간은 자아를 형성하는 과정에서 타
인의 시선을 거울삼아 자신을 본다. '남들이 나를 어떻게 볼까'
라는 상상, 그리고 그에 대한 해석은 공동체에서 살아남기 위
한 일종의 적응 메커니즘이다. 타인의 시선으로 자신을 바라보
는 과정이 건강하면 긍정적인 자아 형성과 사회화에 큰 도움

이 되는 것이다.

하지만 그 '거울'이 너무 커졌을 때, 문제가 생긴다. 특히 소셜미디어 시대를 살아가는 우리는 타인에 대한 평가를 너무, 자주, 신랄하게 마주친다. 그 과정에서 내 상식으로는 도저히 공감할 수 없는 이유로 세상의 질타와 조롱을 받고 매장당하는 개인을 목격하기도 한다. 그렇게 내 머릿속 상상에 불과했던 '나를 지켜보는 눈'은 순식간에 수천 명, 수만 명으로 증식된다. 의식하지 못하는 사이 우리는 바깥의 시선과 기준으로 스스로를 끊임없이 바라보기 시작한다. 누군지도 모를 '그들'이 나를 어떻게 볼까 예민하게 상상하고, 상상 속 자신을 억압한다. '이런 태도는 오글거려', '높은 톤의 목소리는 너무 가벼워', '이런 옷을 입으면 촌스러워', '웃을 때 표정이 이상해' 등 자신을 가혹하게 평가하며, 나의 결점을 찾는 데 집중한다. 그리고 그 결점들을 완벽히 죽이려고 애를 쓴다.

그러나 차분하게 생각해 보자. 우리는 자신이 '찾아낸' 결점들을 완벽히 죽이는 데 성공한 적이 있는가? 장담하건대 없을 거다. 그런 일은 불가능하다. 우리의 결점은 절대로 없앨 수 없다. 왜냐하면, 그것들은 애초에 죽여야 할 결점이 아니기 때문이다. 결점이 아닌 것을 결점이라 부르고, 죽일 수 없는 것을 죽이려 애쓰는 동안, 상처 입는 건 결국 우리 자신이다. 그럼 어떻게 해야 할까.

"눈앞의 내 모습이 결점으로 보이는데, 이것만 고치면 나는 완전해질 것 같은데…. 이렇게 부족한 부분을 하나하나 뜯어고쳐서 더 완벽한 '나'가 되는 게 인생 아닌가요? 그게 진정한 자기 객관화고요."

이렇게 반문한다면 나도 그것에 충분히 공감한다. 나 역시, '자기 객관화'를 통한 성장과 스스로를 결점투성이로 보고 그 결점을 없애려는 것이 본질적으로 어떻게 다른지 이해하기 어려웠다. 수많은 자기 계발서에 해법으로 등장하는 "더 잘하려 하지 말고, 스스로를 받아들여라"라는 충고 또한 소화하기 어려웠다. '그게 뭐든 그냥 받아들이고 사랑하라고? 그게 사랑인가? 자기를 객관적으로 살피고 부족한 점을 찾아서 개선하는 게 진짜 사랑 아닌가?' 하는 의문이 계속해서 올라왔다.

'결점 죽이기'와 '자기 객관화'는 어떻게 다른가. 이 질문에 답을 얻는 데는 꽤 오랜 시간이 걸렸다. 그리고 이렇게 정리했다. 자기 객관화란 나를 '타인의 시선'으로 재단하고 뜯어고치는 것이 아니라, 나 자신을 정확히 관찰하여 나에게 '무엇이 필요한지' 알아차리는 과정이다. 즉 세상을 살아가는 데, 나에게 어떤 모양의 '보호구'가 필요하고, 어떤 스킬을 더 갖추어야 하는지 분석하는 과정이라는 것.

예를 들어, 내 주변 사람들의 머리가 모두 네모 모양인데 나는 동그란 머리를 가졌다고 해보자. 관찰해 보니, 각진 네모 머리들과 부딪힐 때마다 내 동그란 머리가 찔리고 아프다. 이때 자기 객관화란, '내 머리가 잘못됐어. 내 머리를 네모로 깎아야 해!'가

DOUBLE CLICK

Have we ever truly killed our flaws? Never. Because they were never meant to die.

우리는 자신이 '찾아낸' 결점들을 완벽히 죽이는 데 성공한 적이 있는가?
장담하건대 없을 거다.
왜냐하면, 그것들은 애초에 죽여야 할 결점이 아니기 때문이다.

아니다. '나는 동그란 머리를 가졌구나. 그럼 찔리지 않도록 내 머리 모양에 맞는 보호구를 써야겠네'라고 이해하는 것이다. 자기 객관화는 나를 변화시키기 위해 파괴하는 것이 아니라, 내가 더 안전하고 건강하게 살기 위한 환경과 전략을 찾아가는 심리적 도구이다. 결점처럼 보이는 내 모습을 '그 자체로 살아 있게 두고도' 나를 지킬 수 있는 방법을 찾는 것. 그게 바로 진짜 자기 객관화이자, 스스로를 이해하고 성장으로 이끄는 길이다.

판단은 끝없는 핑계를 만들어낸다

자신을 판단하지 않고 수용하면, 아주 놀라운 일이 벌어진다. 마음이 가라앉고 평온해진다. 그리고 상상하지 못했던 성과들을 이뤄내기도 한다. 그 힘은 어디서 오는 걸까?

우리는 흔히 이런 말을 듣는다. "약점이 강점이 된다." 그 말을 들을 때마다 의문이 들곤 했다. '약점이 어떻게 강점이 된다는 거지? 그냥 그럴싸한 말에 불과한 거 아닐까?' 하지만 그 말의 본질은 단순한 자기 긍정이 아니라, '판단 중지', '자기 수용(self-acceptance)'에 있다. 판단을 멈추고, 자신을 있는 그대로 받아들이는 것, 약점이 강점이 되는 순간은 바로 그 태도의 전환에서 시작된다.

예를 들어보자. 역대 최고 올림픽 수영 선수인 마이클 펠프스(Michael Phelps). 그는 한곳에 집중하지 못하는 '주의력결핍과다행동장애(ADHD)'로 어려움을 겪었다. 몹시 산만했던 그는 학창 시절 한 교사로부터 "넌 아무것도 이뤄내지 못할 거고, 결코 성공할 수 없을 거야"라는 말을 들었다. 여기서 우리는 눈치챌 수 있다. 교사는 펠프스에 대해 '판단'을 내리고 '문제아'로 낙인을 찍었다. 반면 펠프스는 어떻게 했을까? 그는 스스로를 관찰했다.

"Growing up, I was someone who was constantly bouncing off the walls–I could never sit still. 저는 잠시도 가만히 있지 못하는 아이였습니다. 공처럼 사방을 튕겨다녔죠."

펠프스는 중증 ADHD 진단을 받았다. 그의 어머니 데비는 ADHD를 단순히 통제할 '문제'로 판단하지 않았다. 제거하려 들지도 않았다. ADHD의 특성이 있는 아들이 어떻게 하면 잘 살 수 있을지 방법을 찾는 데 집중했다. 데비는 약물 치료와 함께 야구, 농구, 미식축구 등 여러 스포츠를 그 방법으로 제안했다. 그리고 마침내 펠프스는 수영을 만났다.

"I felt calmer being able to get in the water. I noticed that the more time I spent in the water, the more at ease I

　　1부 | 원클릭: 선택하기

felt. 물에 들어가면 차분해졌어요. 물속에서 보내는 시간이 길어질수록 마음이 더 편안해지는 걸 느꼈죠.”

수영의 규칙적인 동작과 반복, 혼자만 있는 공간적 특성에 펠프스는 안정감을 느꼈다. 수영장에서만큼은 자기 자신을 ‘통제할 수 있는 존재’로 인식했고, 오랜 시간 집중할 수 있었다. 결국 세계 최고의 수영 선수가 되어 올림픽 금메달 22개를 손에 쥐었다.

펠프스는 ADHD라는 낙인을 회피하거나, 부정적 ‘판단’으로 자신을 재단하지 않았다. 대신 자기 행동과 말, 에너지를 면밀히 관찰하면서, 자신에게 맞는 ‘수영’이라는 ‘보호구’를 선택했다.

‘판단 중지’와 ‘자기수용’으로 삶을 성공적으로 관리하는 이들의 사례를 접하고 우리는 다짐한다. ‘그래, 이제 나도 나 자신을 수용해 줘야겠어!’라고. 하지만 쉽지 않다. 어제 하기로 한 일을 오늘까지도 끝내지 못했을 때, 우리는 곧바로 자신을 ‘무능하다’라고 판단한다. 야식의 유혹을 이기지 못해 음식을 먹어버리는 날이 반복되면 ‘나는 왜 이렇게 의지력이 약할까’ 자책하며 무너진다.

판단하지 말자는 다짐이 물거품 되는 날이 반복되면, 또 다시 자신을 판단하는 굴레에 빠지기 쉽다. ‘나는 왜 끝없이 나 자신을 판단하려 드는 걸까?’ ‘나는 왜 이렇게 스스로를 몰아붙일까?' 이런 물음 뒤에는 저마다의 결론이 내려진다.

자존감이 낮아서 그래.
멘털이 약해서 그런 거야.
회복 탄력성이 부족해서 그런가 봐.

그런데 정말 그 이유 때문인가? 잠시 힘을 빼고 멈춰서 생각해 보자. 증상은 크게 보면 '판단을 내린다.' 한 개에 불과한데 그를 설명하는 단어는 너무 많다. 자존감, 멘털, 회복 탄력성…. 솔직히 좀 피곤하지 않은가? 우리는 왜 이렇게 많은 설명을 하려 드는 것일까.

이는 어떻게든 자신이 마주한 현상을 설명해야만 직성이 풀리는 인간의 본성 때문이다. 인간은 진화적으로 본래 불확실성을 견뎌내기 어려워한다. 이는 아주 자연스러운 현상이다. 생존을 위해 예측 가능성과 확실성을 추구하도록 진화되어 온 인간은 나와 다른 행동을 하는 사람을 보면 그들이 나를 위험에 빠뜨리지는 않을지 빠르게 판단해야 했다. 이 판단은 생존을 걸고 하는 도박이었던 셈이다. 잘못 판단하는 순간, 나와 내 가족은 위험에 빠진다. 아무리 굳게 다짐해도, 스스로에 대한 판단이 쉽게 멈춰지지 않는 이유가 바로 이러한 진화 과정 때문이다. 생존하기 위해 불안을 감지하고 반응하도록 정교하게 발전돼 온 것이다. 그래서 아무리 굳게 다짐해도 스스로에 대해 판단하기를 쉽게 멈출 수 없다. 이건 지극히 당연한 반응이다. 그러니 계획대로 되지 않았다고, 자꾸만 자신을 판단한다고 해서 또다시 자신을 책망할 필요는 없다.

마이클 펠프스가 했던 것처럼, 판단은 멈추고 방법을 찾아보자. '아, 나는 판단을 쉽게 멈출 수가 없구나.' 관찰을 마친 다음에는 자책이 아니라, 알맞는 옷을 찾아주면 된다. 내가 찾은 자기 판단을 멈출 수 있는 방법 중 가장 효과적인 방법을 소개하겠다. 그 방법은 다음과 같다.

"타인에 대한 판단을 멈춘다."

자신에 대한 판단을 멈추기 위해서는 먼저 타인에 대한 판단부터 멈춰야 한다. 외부를 향한 잣대를 내려놓을 때, 자신을 바라보는 시선도 자연스럽게 부드러워진다. 그때 비로소 우리는, 자꾸만 고쳐야 할 대상으로 여겨왔던 '나'가 아니라, 있는 그대로 충분한 '진짜 나'와 마주하게 된다. 판단을 멈추는 순간, 이해가 시작되는 것이다.

타인에게 라벨을 붙이지 마라

앞에서 말했듯 인간은 생존을 위해 불안이라는 감각을 극대화해 왔다. 불안에 특화된 인간은 자신뿐 아니라 타인의 특정한 행동 양상을 볼 때마다, 본능적으로 그것에 이름을 붙이고 빠르게 결론을 내린다. 요즘 유튜브 콘텐츠만 봐도 이런 욕망이 여실히 드러난다.

예컨대 대치동 엄마들의 삶을 설명하는 영상, 특정 직업군을 묘사하는 영상, 요즘 20대들의 특징이 강조된 콘텐츠들은 늘 높은 조회수를 기록한다. 많은 이들이 그 영상을 보며 자신과 타인을 구분하고, 그들을 특정한 카테고리에 집어넣은 채 멀찍이 관망하는 태도로 요목조목 판단을 내린다. 그 관망에는 공감도 있지만 조롱도 섞여 있다. '~충' 같은 비하 표현이 밈 (meme)이라는 이름으로 소비되는 것도 같은 맥락이다.

우리는 어떻게 거리낌 없이 누군가를 비웃고 조롱하는가? 그 이유는 명확하다. 그들과 내가 완전히 다르다고 믿기 때문이다. 더 정확히 말하면, 그들과 내가 완전히 다르다고 믿기 위해 누군가를 비웃고 조롱하는 거다. 사실, 나와 단 하나의 특성도 공유하지 않는 인간을 찾는 건 거의 불가능하다. 자세히 살펴보면 그게 누구든 어디 한 구석은 나와 닮기 마련이다. 하지만 자아가 연약할수록 나와 타인을 구분하려 든다. 내 자신을 확립하기 위해 타인과의 차이를 강조하고, 타인과 나의 입장 차이를 명확히 하기 위해 '조롱'이라는 강력한 수단을 사용한다. 결국 나와 다른 타인의 모호한 특성에 '이름'을 붙이고 판단하는 것은, 연약한 나를 보호하는 동시에 드러내며 불안을 해소하는 행위에 불과한 것이다.

하지만 생각이 있는 인간이라면 언젠가는 깨닫게 된다. 내가 내뱉은 조롱 끝에 결국 '나'도 서게 된다는 사실을 말이다. 타인을 판단하며 들이댄 잣대는 내 안에 깊숙이 남아, 언젠가 나 자신을 겨누게 된다. 그렇게 판단과 조롱으로 가득 찬 시선은 족쇄가 되어 내 발목을 붙잡는다.

누군가를 부정적으로 판단하고 조롱하는 순간, 무의식적으로 우리는 자신에게도 그런 모습이 있는지 살피게 된다. 본능적으로 나를 보호하기 위해 타인을 선별했던 판단 기준이, 이제는 나를 향해 작동한다. 그리고 정작 내가 비난했던 그 모습이 내 안에도 자리하고 있다는 사실을 마주하게 될 때, 그것이 나를 공동체에서 소외시키거나 부정적으로 낙인찍을 가능성을 두려워하며, 그 흔적을 억누르고 지우려 한다. 그렇게 인간은 타인을 거울삼아 스스로를 판단하고, 끝내는 자기혐오의 굴레 속으로 빠지게 된다.

예를 들어 '누군가 대답을 피하면(관찰) → 회피형이다(판단)', '대답을 끈질기게 요구하면(관찰) → 불안형이다(판단)' 식으로 사고하다 보면, 스스로를 바라볼 때도 비슷한 방식으로 흘러가는 거다. 내가 대답을 피하게 되는 순간에 '나 회피형인가?', 내가 누군가에게 대답을 끈질기게 요구하면 '불안형인가?' 하는 식의 흐름 말이다.

만약 내가 과거에 '회피형'이라고 누군가를 신랄하게 비난한 기억이 있다면, 그 비난은 고스란히 나를 향해 돌아온다. 그때 했던 말들이 기억 속에서 되살아나, 현재의 나를 비난하는 무기가 되어 꽂힌다. 내가 했던 말로, 내가 붙였던 라벨로, 나 자신을 가차 없이 찌르기 시작한다. 그 과정이 반복되면 자기혐오에 빠지게 된다. 조용히, 하지만 깊고 끈질기게. 특히 사고가 예리할수록 자기혐오는 더욱 치명적으로 작용한다. 논리와 분석이라는 무기를 손에 쥔 채, 스스로를 끝없이 해체하고 조롱하게 된다. 지성 위에 세워진 자기혐오만큼 무서운 감옥도 없다. 그 굴레에서 벗어날 수 있는 방법은 하나뿐이다. 타인을 판단하는 것을 멈추는 것.

결국 우리는 타인을 바라보는 대로 나를 바라보게 된다. 그래서 우리는 아주 필사적으로 타인을 있는 그대로 바라보며, 어떠한 판단도 내리지 말아야 한다. '그냥 바라보고 놔두는 것', 이것이 진정한 존중이다. 마음에 들지 않게 행동하더라도, 그들에게 특정한 라벨을 붙이지는 말자. 타인에게 붙인 라벨은 언제든 나에게 되돌아올 수 있다. 물론 되돌아오는 판단과 라벨링을 스스로 감당 가능하다면 말리지는 않겠다.

이런 의문이 들 수 있다.

"타인을 관찰하고 구분하고 평가해서 나에게 해가 될지 아닐지를 판단해야 하는 것 아닌가요?"

그런 선별은 라벨 없이도 가능하다. 굳이 '이기적이다', '회피형이다' 같은 이름표를 붙일 필요는 없다. 그들은 그들이고 나는 나다. 나에게 맞지 않는 사람이라면, 조용히 거리를 두면 그만이다. 나와 다르게 행동하는 대상에게 '이기적임'이라는 라벨링을 붙이면 내 가슴에는 '나는 이기적인 인간이 아님'이라는 라벨링이 붙는 셈이다. 누군가를 판단하며 붙이는 라벨링은 불안과 자기과시가 결합된 욕망의 산물일 뿐이다. 혹시 타인의 행동을 관찰하며 스스로를 돌아보고 싶은 욕망이 있다면 말리진 않겠다. 하지만 너무 오래 하지는 않기를 바란다. 타인을 관찰하고 특정한 라벨링을 붙이는 행위를 반복하다 보면 결국 당신의 정신이 황폐해질 테니까.

타인을 관찰하고 구분 짓는 행위가 반복되면, 우리는 자신을 향한 자비와 수용력을 잃는다. 정신 건강을 지키고, 자기 판단에서 벗어나 편안하게 살고 싶다면, 지금 당장 타인에 대한 판단을 멈춰야 한다. 특정 타인을 보고 강렬한 혐오나 비난의 욕구가 올라온다면, 그 사람에게서 최대한 빨리 멀어져라. 그 욕구가 치솟는 바로 그 순간이 가장 위험하다. 그 감정은 결국 나에게 독이 된다. 그들에게 붙인 라벨은 족쇄가 되어, 죄책감과 자기혐오의 형태로 되돌아올 확률이 높다. 내가 만든 판단의 논리를 부수는 데는 상상 이상의 에너지가 든다. 그러니 타인을 판단하는 일은 지금 당장 필사적으로 멈춰야 한다.

When you stop judging yourself and choose to accept, life unfolds in ways you never imagined.

자신을 판단하지 않고 수용하면,
아주 놀라운 일이 벌어진다.

나의 설정값에서 시작하라

마음이 갈피를 잡지 못할 때는 다른 사람들의 이야기에서 길을 찾기도 한다. 나와 비슷한 결핍을 지닌 사람들이 그 결핍을 어떻게 껴안고, 자신에게 꼭 맞는 옷을 찾아 입었는지를 듣다 보면, 어느새 가슴이 두근거린다. 타인의 삶은 나에게 위로가 되기도 하고, 나를 더 투명하게 비춰주는 거울이 되기도 한다. 중요한 건 그 거울을 통해 나를 더 다정하고 섬세하게 들여다보는 태도를 갖추는 것이다. 타인을 성급히 판단하지 않고, 이해하는 근육을 키우다 보면, 스스로 역시 더 잘 이해하고 받아들일 수 있게 된다. 여기 자기수용의 힘으로 스스로에게 맞는 삶의 방식을 만든 두 사람이 있다.

세계적인 가구 기업 이케아(Ikea)의 창업자 잉그바르 캄프라드(Ingvar Kamprad)는 어릴 적부터 앓았던 난독증 때문에 글자와 숫자를 읽는 데 어려움을 겪었다. 이 때문에 학교생활도 순탄치 않았다. 주변 사람들은 그를 동정하거나 부정적으로 판단했다. 특히 가장 가까운 사람인 아버지조차 "넌 앞으로 아무 쓸모없는 사람이 될 거다"라는 말을 자주 내뱉었다.

하지만 캄프라드는 아버지의 판단을 그대로 받아들이지 않았다. 그는 자신을 가만히 들여다볼 뿐이었다. 자신이 어떤 사람인지, 무엇을 어려워하고 무엇이 가능한지를 면밀히 관찰했다. 그리고 자신에게는 '사업 수완'과 '난독증'이라는 두 가지 특성이 있다는 것을 깨달았다. 캄프라드에게는 다섯 살 무렵 고모에게 받은 성냥을 이웃 사람들에게 팔아 세 배의 이익을 낸 기억이 있었다. 그 후로 그는 크리스마스카드, 씨앗, 장식품을 팔며 장사의 재미를 알아갔다. 장사가 자신에게 어울리는 세계이고, 잘할 수 있는 일임을 감지한 그는 고등학교를 졸업하자마자 잡화점을 열었다. 자신에게 맞는 '옷'을 입기 시작한 것이다.

사업 8년여 만에 본격적으로 가구 판매를 시작했고, 사업의 규모가 점점 커지자 캄프라드에게는 고민이 생겼다. 난독증 때문에 제품 명칭과 코드를 제대로 기억할 수가 없었다. 이 상황에 캄프라드는 어떤 방법을 찾아냈을까? 그는 가구에 코드가 아니라 '친근한 이름'을 붙이기 시작했다. 침대와 옷장은 노르

웨이 지명을, 정원용 가구에는 스웨덴의 섬 이름을 붙였다. 물건마다 그에 어울리는 쉽고도, 외우기 쉬운 이름을 붙인 것이다. 1979년에 출시되어 지금도 가장 많이 팔리는 책장의 이름은 '빌리(Billy)'인데 이는 이케아 직원의 이름에서 따왔다. 지금 이케아에는 이런 방식으로 제품의 이름을 붙이는 부서가 따로 있다.

캄프라드의 사업 파트너들은 가구에 이름을 붙이는 방식에 회의적이었다. 너무 가벼운 인상을 준다는 게 그 이유였다. 하지만 고객들은 이케아의 이런 작명 센스를 사랑했다. 가구에 사람의 이름이 붙으니 마치 친구처럼 느껴진다는 것이다. 난독증이라는 특성에서 시작된 발상이 브랜드의 개성과 정체성을 만들어냈고, 강력한 경쟁력을 안겨줬다. 아버지에게 아무 쓸모없는 사람이 될 거라는 폭언을 들은 캄프라드의 사업은 지금의 이케아가 되어, 전 세계 38개국에 300개 이상의 매장을 둔 글로벌기업으로 성장했다.

또 한 명의 이야기를 해보자. 미국의 예술가 폴 스미스(Paul Smith)는 뇌성마비 장애를 가지고 태어났다. 그는 얼굴과 손의 미세한 근육을 전혀 제어할 수 없어 일상생활은 물론 학교 교육도 제대로 받기 어려웠지만, 가슴속 깊이 예술에 대한 열정을 품고 있었다. 하지만 현실적으로 붓을 잡고 그림을 그리는 것은 불가능했다. 이 상황에서 그는 어떻게 했을까. 그는 자신이 할 수 있는 일, 없는 일을 면밀히 관찰했다. 그의 손은 붓을

쥐기에는 힘이 약했고, 무언가를 누르는 것은 가능했다. 그러던 중 방구석에 놓인 타자기가 그의 눈에 들어왔다. '바로 저거야!' 그는 타자기 버튼을 천천히 눌러봤다. 쉽지는 않았지만 누를 수는 있었다. 그는 타자기 자판을 한 개 한 개 눌러서 그림을 그렸다. 같은 자리를 수천 번 두드려 잉크를 먹이는 식으로 명암과 질감을 표현해 냈다. 타자기로 그렸다고는 믿기 어려울 정도의 섬세한 그림이었다. 그는 그렇게 '자신에게 가능한 방식'을 찾았고, 세상과 소통했다.

〈나의 귀염둥이 '피피'〉, 폴 스미스
출처: www.facebook.com/paulsmithtypewriterartist

이런 사례를 들으면 세상에는 정말 다양한 사람이 있다는 생각이 든다. 그만큼 한 사람에게 주어지는 설정값이 매우 다양하다는 뜻이다. 문제는 이 설정값에 우리가 너무 쉽게 라벨을 붙인다는 데 있다. '쓸모없다', '문제 있다', '특이하다', '정상이 아니다'와 같은 판단은 타인을 향한 것이든 나 자신을 향한 것이든, 결국 우리를 좁은 틀 안에 가두고 만다.

라벨링하는 데 인생의 시간을 낭비하지 말자. 타인을 향해서든 나를 향해서든 말이다. 나를 제멋대로 라벨링하는 사람들은 어떻게 대해야 하냐고? 솔직히 당신은 라벨링을 즐기는 그들을 설득할 수 없고, 설득할 필요도 없다. 다만 누군가가 나를 마음대로 라벨링한다고 해서, 내가 그 라벨에 순응하고 동의할 필요는 없다. 당신을 제대로 보지 않은 채 '아무 쓸모없는 사람', '문제아', '이상한 사람'이라 말하는 사람들에게 가치를 증명하려 애쓰지 말자. 그들이 만든 좁은 세계는, 결국 그들 스스로를 가두는 철창이 되기 마련이다.

잉그바르 캄프라드의 아버지는 난독증을 이유로 아들을 '쓸모없는 인간'으로 단정 지었다. 그 말을 뱉기까지 캄프라드의 아버지는 자신만의 논리 구조와 신념이 있었을 것이다. 그 단단하고 그럴싸해 보이는 구조를 제 손으로 산산조각 내지 않는 이상, 캄프라드의 아버지는 캄프라드의 성공으로부터 어떠한 교훈도 배울 수 없을 거다. 타인의 성공으로부터 교훈을 얻고 내 삶에 접목해 보는 게 인생의 묘미인데 그 재미를 놓치다니 정말 안타까운 일이다. 더군다나 내 자식의 성공은 더 짜릿했을 텐데, 캄프라드의 아버지는 섣부른 판단으로 인생의 아주 큰 재미를 홀라당 날려버렸다.

문제는 한번 굳어진 논리 구조를 깨는 것은 꽤 어렵다는 점
이다. 캄프라드가 더 좋은 성과를 거둘수록, 그를 부정적으로
판단했던 나를 방어하기 위해 그를 비난했던 자신의 논리 구
조를 더 탄탄하게 만들게 될지도 모른다. 타인을 섣부르게 부
정적으로 판단하는 게 스스로에게 어떠한 영향을 주는지 이제
적나라하게 보이지 않나? 캄프라드를 향해 그의 아버지가 내린
판단은 캄프라드를 꿰뚫어 본 것이 아니라, 오히려 자신이 세상
을 얼마나 제한된 방식으로 보고 있는지를 드러냈을 뿐이다.

삶은, 내가 나를 어떻게 바라보느냐의 게임이다. 타인의 판
단이 아닌, 내 관찰에 귀를 기울이는 것. 내가 입을 옷은 내가
직접 나의 필요에 맞게 고르는 것. 그것이 진정한 자기수용이
다. 진정한 자기수용이 전제된 곳에는 어디서도 보지 못한 내
가 멋있게 피어난다.

취약성의 힘

나의 결핍에 예쁜 스티커를 붙여줄 것

아침에 일어나 전 세계의 뉴스를 챙겨 보는 게 하루 루틴이었던 때가 있었다. 그런데 언젠가부터 그 루틴이 적잖은 스트레스로 다가왔다. 세계 곳곳에서 벌어지는 끔찍한 사건과 사고, 비극과 갈등 들. 불행은 너무나도 다양한 얼굴을 하고 전 세계 여기저기서 그 존재감을 뽐냈다. 어느 날 잠결에 접한 재난 소식과 피해를 호소하는 슬픈 얼굴들이 담긴 뉴스는 마치 날 겨누는 듯했다.

"너도 언젠가는 저렇게 될 수 있어."

그 가능성을 떠올려보는 것만으로도 몸이 얼어붙었다.

불행은 우리가 외면하고 싶은 진실이다. 그러나 애석하게도 불행에 대한 두려움은 외면할수록 그 몸집을 키운다. 몸집을 키운 두려움을 마주할 때면 괜히 아무렇지도 않은 척, "불행은 실재하지 않는다. 그저 인간이 특정 상황을 '불행'으로 해석할 뿐이다"라고 말하며 마음을 다스려 보지만, 불행의 가능성은 여전히 내 마음을 무겁게 짓누른다. 왜일까? 불행의 시나리오가 무서운 게 아니라, 그 불행이 나를 덮쳐왔을 때 거세게 흔들릴 스스로를 느꼈기 때문이다. 인간은 누구보다 스스로의 연약함을 잘 알고 있다. 내가 언제 얼마나 연약해지는지, 자신이 가장 잘 알고 있다.

그렇다면 우리는 어떻게 이 연약함에서 벗어나 강해질 수 있을까. 방법은 딱 하나다. 나의 연약함을 끌어안는 것. 내 연약함을 마주했을 때 느끼는 수치심을 환영하는 것이다. 수치심을 환영하라고? 도대체 어떻게? 손뼉이라도 치며 마중을 나가야 하는 건가? 파티라도 열어줘야 하는 걸까? 이렇게 이해해 보면 어떨까. 숨기고 도려내고 싶은 내 구린 모습에 아주 화려하고 귀엽고 예쁜 스티커를 붙여주는 것.

사실 나는 오랫동안 나의 연약함을 포용하는 방법을 고민했었다. 그 시작은 심리 전문가 브레네 브라운(Brene Brown)의 TED 강연 '취약성의 힘'과 그의 저서들을 접하면서다. 그는 말한다.

"자신의 취약성을 스스로 받아들이지 않고는 누구와도 진정으로 연결될 수 없다."

Put a bright, lovely sticker on the parts of yourself you wish to hide.

숨기고 도려내고 싶은 내 구린 모습에
아주 화려하고 귀엽고 예쁜 스티커를 붙여주자.

그 강연을 듣고 나는 본능적으로 느꼈다. 그가 전하려는 메시지는 내가 오랫동안 목말라 있던 해답과 닿아 있었다. '취약성을 받아들이자, 나의 연약함을 인정하자, 그래야 강해질 수 있다.' 그런데 막상 이렇게 중요한 그 말을 붙잡고도, 나는 여전히 그 방법을 잘 모르고 헤맸다.

그러던 어느 날, 팟캐스트 준비 중에 유튜버 '구르님' 님을 만나게 되었다. 사전 리서치를 하기 위해 그의 영상과 인스타그램을 살펴보다가 맨 위에 고정된 게시물 하나에 눈길이 멈췄다. 바로 '휠꾸' 즉 휠체어 꾸미기에 대한 이야기였다.

그는 휠체어를 사용한다. 휠체어가 존재감이 커서 어딜 가나 쏟아지는 시선이 부담스러운 순간이 많았다고 한다. 숨기고 싶어도 숨겨지지 않는 휠체어가 나중에는 싫어지기까지 했단다. 그러다 문득 '휠체어를 꾸며보자!' 하는 생각으로 좋아하는 스티커를 붙이기 시작했다. 그러자 휠체어는 '탈 수밖에 없는 것'에서 '내 선택으로 꾸민 내 것'이 되었고, 그 뒤부터 휠체어를 대하는 마음이 달라졌다고 한다. 더 이상 휠체어를 숨기려는 마음이 들지 않았던 것이다. 구르님 님은 어린 시절, 누군가 자신에게 '휠꾸'의 기회를 줬더라면 휠체어를 조금 더 일찍 사랑할 수 있었을 것 같다고 털어놓았다.

그 순간 강한 울림을 느꼈다. 그동안 실체 없이 떠다니던 내 의문이 모습을 갖췄다.

'아, 수치심이나 결핍을 억지로 없애려 하거나 숨기려 하지

않고, 도리어 그 자리에 스티커를 붙이며 그 존재감을 인정해
주면 되는 거구나.'

구르님 님과의 대화에서 나는 오래도록 갈증을 느꼈던 질문
에 대한 해답의 실마리를 얻었다.

연약함, 오래된 나의 문제이자 가능성

살다 보면, 자기 자신이 낯설게 느껴지는 순간들이 있다. 나는 내가 아주 소중하게 생각했던 인간관계에서 그런 순간을 맞았다. 그 친구와 서로 특정 주제에 대한 의견을 주고받다가, 어느 지점에서 감정을 제어하지 못하고 발끈하는 나 자신을 발견했다. 대화는 본래 서로의 생각을 나누며 이해의 폭을 넓히는 일이지만, 어느 순간 나는 "이 주제에 대해서는 더 이상 논쟁하고 싶지 않아. 그냥 내 말을 받아줬으면 좋겠어" 같은 말을 거리낌 없이 내뱉으며 고압적이고 방어적인 태도로 상대의 말을 가로막았다. 때로는 굉장히 공격적으로 설득하기까지 했다. 그러다 '어? 내가 왜 이러는 거지?' 하는 순간을 맞았고, 낯선 내 모습 앞에 몹시 당황스러웠다.

나는 그때 느꼈다. '아, 여기에 내 취약성이 있구나.'

내가 특정 순간에 매우 방어적이고, 공격적으로 반응했던 이유는 내 안에 있는 '취약함'을 스스로 받아들이지 못하고 있었기 때문이었다. 나의 취약함을 정면으로 마주할 용기를 내는 대신, 그것을 타인의 수용과 인정으로 덮으려 했다. 나도 받아들이지 못하는 나의 상처, 감정, 내 입장과 존재를 내가 애정하는 대상이 아무런 저항 없이 받아들여 주기를 바랐던 것이다.

내 욕망의 본질은 '있는 그대로의 내가 온전히 받아들여지는 감각'이었다. 그에 대한 갈증이 너무 컸기에, 나는 이를 해결할 실마리를 찾고자 '취약성을 어떻게 받아들일 수 있을까?'라는 질문을 끊임없이 되뇌었다. 문득문득 떠오르던 이 질문은 단순한 호기심이 아니라, 나 자신을 구하고자 하는 내면의 요청이었다. 나는 아주 오랫동안 그 질문을 품고 살았다. 그 주제의 주변을 맴돌며, 언젠가는 그 해답에 다가갈 수 있기를 바랐다.

그러던 중 '휠꾸'를 알려주는 구르님 님을 만나고, 비로소 취약성을 받아들이는 방법에 대해 알게 되었다. 구르님 님은 내가 몇 년째 헤매던 질문—'취약성을 어떻게 받아들여야 할까'—에 대해 가장 설득력 있는 답변을 아주 직관적으로 보여주었다. 스스로 숨기기 바빠 인정하지 못하지만, 결국엔 온전히 받아들여지고 싶은 욕망으로 가득찬 나의 그 '취약성'을 바라봐 주고, 예뻐해 주면 된다. 그곳에 아주 화려하고 멋있는 스티커를 붙여주면 된다. '휠꾸'의 꾸미기는 나의 연약함을 가리거나 숨기는 게 아니라, 그 존재를 인정해 주고 더 드러냄으로써 스스로를 수용한다. 나의 연약함이, 취약성이 내 인생에 당당히 자리를 차지할 수 있도록, 그 존재감을 드러낼 수 있도록 허용해 주는 것. 그게 휠꾸의 진정한 의미다. 나 역시 내 안의 연약함, 수치스러운 마음, 불완전한 감정들을 숨기고 지우는 대신, 그 위에 나만의 스티커를 붙여주면 되는 것이었다. 그것이 바로 내 취약성을 받아들이는 첫걸음이었다. 구르님 님이 본인의 취약성을 받아들이고 그 과정을 공유해 줬기 때문에 나도 오랫동안 갈증을 느꼈던 질문에 답을 얻을 수 있었다. 구르님 님께 다시 한번 진심 어린 감사를 전하고 싶다.

우리는 흔히 생각한다. 강해진다는 것은 약한 모습을 없애는 것이라고. 하지만 진정한 강함은 연약함을 끌어안기로 결심하는 데서 시작된다. 모든 사람은 나름의 약한 면을 갖고 있다. 그리고 우리는 나의 연약한 모습을 아무렇지 않게 감싸주는 사람에게 본능적으로 끌린다. 그런 사람이야말로 강한 사람처럼 느껴지기 때문이다. 그러나 타인에게 그 역할을 맡기려 하면 실망하게 마련이다. 각자의 인생을 책임지고 운전하는 것도 벅찬 일이기에, 누구도 내 인생까지 성심성의껏 대신 운전해 주진 못한다. 잠시 타이밍이 맞아서 같은 방향을 향해 달릴 수는 있어도, 결국은 각자가 자기 운전대를 잡아야 한다.

그래서 우리는 스스로에게 '자신의 연약함을 기꺼이 끌어안고 나를 이끌어주는' 그런 사람이 되어주어야 한다. 그 태도가 바로 우리가 인생을 내 의도대로 살아가는 데 필요한 강인함이다. 내 취약함이 '약점'처럼 느껴지는 건, 내가 아직 그 연약함을 기꺼이 끌어안아 줄 준비가 되지 않았기 때문이다. 진짜 약점은 내 연약함 그 자체가 아니라, 그것을 안아주지 못하는 나의 태도다.

스스로를 수용하지 못하는 본인을 바라보며 자책에 빠지거나 자기 연민에 젖을 필요는 없다. 물론 자책의 감정이 불쑥 고개를 들 때도 있다. 그렇다면 잠시 멈춰 서서, 그 감정을 충분히 들여다보고 음미해도 괜찮다. 다만 잊지 말자. 자기 연민의 끝에는 반드시, '스스로를 위해 나서주는 나'가 있어야 한다. 누군가가 나를 구해주기를 바라는 것이 아니라, 내가 나를 끌어안고, 다정히 돌보고, 보호해 주는 존재가 되어야 하는 것이다. 내 연약함을 누구보다 잘 아는 사람은 바로 나 자신이다. 가장 먼저, 그리고 가장 깊이 그 연약함을 안아줄 수 있는 사람도 결국 나다. 수치심이 밀려오는 순간, 내가 나를 부끄러워하는 바로 그 순간에도, 옆에 서 있어 주면 된다. 이 역할은 아무리 가까운 타인이라도 대신해 줄 수 없는, 오직 나만이 할 수 있는 인생의 미션이다.

꼭 기억하자. 내 연약함이 특별히 더 못나거나, 혐오스럽거나, 보기 민망한 것이 아니다. 겉으로 아무렇지 않은 척 살아가는 사람들 역시 각자 외면하고 싶은 구석을 하나쯤은 갖고 있다. 만약 누군가 "나는 그런 거 없어"라고 말한다면, 아마도 아직 들여다보지 않았거나, 인식하지 못했을 뿐일 것이다. 그러니 내 연약함을 남의 것과 비교하며 낙담하거나 슬퍼할 필요는 없다. 대신 이렇게 물어보자.

"내 연약함에 어떤 스티커를 붙이면 내가 좋아할까?"

이 질문이 우리를 오래도록 괴롭히던 수치심의 늪에서 건져 내 줄 거다.

DOUBLE CLICK

No one can drive your life for you. You may share the road for a while, but eventually, you must take the wheel yourself.

누구도 내 인생까지 성심성의껏 대신 운전해 주진 못한다.
잠시 타이밍이 맞아서 같은 방향을 향해 달릴 수는 있어도,
결국 각자가 자기 운전대를 잡아야 한다.

나는 할 수 있다, 평범하기 때문에!

앞에서 우리는 강인함과 취약성이 서로 모순되는 개념이 아니라, 오히려 깊이 연관되어 있음을 알아차렸다. 취약성이라는 껍데기 안에 우리가 바랐던 단단함과 회복력이 자리잡고 있었다. 자신의 연약함을 회피하지 않고 정면으로 마주한 사람만이 강해질 수 있음을, 우리는 이제 안다.

그렇다면 또 다른 한 겹을 들춰볼 차례다. '특별함'과 '평범함'이라는 두 얼굴을 마주해 보자. 우리는 누구나 특별해지고 싶어 하면서도, 동시에 평범함 속에 머물며 안도하기도 한다. 줄타기하듯 오가는 이 두 개념도 취약성과 강인함처럼 서로 대척점에 있지 않다. 우리 내면의 복잡한 욕망을 구성하는 쌍

둥이 같은 존재이다. 특별함과 평범함의 본질을 찬찬히 들여다보자. 그 둘을 대하는 우리의 태도에 어떤 감정이 얽혀 있는지 말이다.

먼저, 미국 드라마 〈애나 만들기〉의 한 장면을 보자. 주인공 비비안이 출산을 앞두고 진통의 막바지에 다다른 순간, 고통에 몸부림치며 이렇게 외친다.

"안 될 거 같아. 더는 힘들어!"

그러자 남편이 비비안을 진정시키며 말한다.

"아니, 당신은 할 수 있어! 왜인지 알아?"

그 말을 들은 비비안은 무언가를 떠올린 듯, 결연한 얼굴로 대답한다.

"맞아. 난 특별하지 않으니까."

그러고는 마치 주문처럼 "나는 특별하지 않아!"라고 외치며 온몸의 힘을 끌어모은다.

나에게는 이 장면이 전체 극을 관통하는 매우 상징적 장면으로 다가왔다. 모두가 자신의 특별함을 인정받고자 목소리를 높이는 세상에서, 자신의 평범함을 되새기며 고통의 순간을 버텨내는 비비안의 모습은 역설적으로 아주 특별해 보였다.

좀더 이야기에 들어가 보자. 〈애나 만들기〉는 실화를 바탕으로 한다. 극을 이끌어가는 두 주인공, 애나와 비비안은 정반대의 캐릭터를 가졌다. 애나는 독일 재벌의 상속자로 행세하며 수억 원대의 사기 행각을 벌인 대담한 인물이다. 그런 애나를 취재하며 진실을 폭로하는 기자가 바로 비비안이다. 극 중 연출은 애나는 화려함과 특별함을 상징하고, 비비안은 평범함을 상징하도록 의도적으로 반복해서 강조한다. 비비안이 출산하면서 본인의 평범함을 되새기며 극도의 고통에 맞서는 장면이나, 비비안이 애나를 처음 대면하며 "너 정말 끔찍할 정도로 basic(평범)하다"라는 코멘트를 듣는 장면에서 그 의도성이 드러난다. 심지어, 비비안이 마트에서 편한 티셔츠를 사 입는다는 특성을 꽤나 길게 묘사하며 그에게 '평범함'이라는 설정값을 강하게 부여한다. 'Basic', 이 말은 극에서 꽤 모욕적 의미로 활용되는데 진짜 재미없는 무채색 인간이란 의미로 쓰인다. 실제로 애나가 비비안에게 "당신은 끔찍할 정도로 평범하다"라고 말하는 모습이 많은 이에게 꽤나 인상적이었는지, "You're so basic!"이라고 말하는 장면이 밈으로 만들어지기도 했다.

애나는 비비안을 평범한 사람으로 치부함으로써 자신을 특별한 존재로 포장하며 자신의 자아를 형성하고 존재감을 드러냈다. 화려한 모습과 비범한 범죄를 저지른 애나 델비가 극 중에서 표면적으로 드러난 주인공이었지만, 극이 흐를수록 나의 시선을 사로잡은 것은 오히려 비비안이었다. 애나의 화려함 뒤에 감춰진 인간의 욕망과 모순적인 모습은 평범한 인물로 묘사된 비비안에 의해 하나씩 드러난다. 시청자들은 보는 내내 비비안의 시선에 몸을 맡기고 복잡한 상황을 이해하기 시작하는데 그 과정은 꽤나 즐거웠다. 애나 델비가 멸시하던 비비안의 그 "끔찍한 평범함"이 존재하지 않았다면 화려한 범죄로 세상을 경악시킨 애나 역시 본인의 존재감을 세상에 드러내지 못했을 거다. 아이러니하게도, 애나의 조롱을 받은 그 평범한 비비안은 본인이 간절히 원하던 것들을 모두 손에 쥐었다. 성공적 취재, 사회적 인정 그리고 출산의 고통을 이겨내고 사랑하는 딸을 만나는 것까지.

인생을 살아가다 보면, 우리는 어느 순간에 스스로의 '특별함'을, 또 어느 순간엔 스스로의 '평범함'을 떠올리며 균형을 잡아간다. 비비안을 만난 뒤로 나는 전보다 훨씬 더 자주 '나의 평범함'을 떠올리며 살아가게 되었다. 슬픔이나 고통 같은 감정의 소용돌이에 휘말렸을 때, 나만 겪는 것 같은 감정의 무게에 짓눌릴 때, 나는 거듭 되뇌었다.

"이 고통은 특별하지 않아. 누구나 한 번쯤 겪는 감정이고, 많은 사람이 이만큼 혹은 이 이상의 고통을 겪고도 잘 살아가."

나의 감정을 '평범한 것'으로 바라보는 태도는 효과가 꽤 좋아서, 고통의 무게를 빠르게 덜어주었다.

평범함은 특별함만큼 강한 힘을 지녔다. 그럼에도 우리는 여전히 '특별한 것'을 욕망하고 반응한다. 어딘가 다른 그들, 노래, 패션에 주목하고 귀를 기울인다. 왜일까? 우리 사회에서 '특별함'은 곧 '다름'이고, 다름은 '주목'을 낳으며, 주목은 곧 자본주의사회에서 힘이자 돈이 된다. '특별함'은 사회적으로도 매력적인 속성인 것이다.

과학은 특별함이 발휘하는 매혹의 기원을 생존 본능에서 찾는다. 스위스 생물학자 클라우스 베데킨트(Claus Wedekind)의 '티셔츠 실험'은 나와 다른 이성에게 끌리는 경향성을 보여준다. 여러 남성의 체취가 묻은 각각의 티셔츠를 여성에게 냄새 맡게 하고 고르는 방식으로 실험했는데, 결과적으로 여성들은 자신과 다른 면역 유전자를 가진 남성의 티셔츠를 선택했다. 이는 다양한 면역 유전자를 확보하여 더 강한 면역 시스템을 후손에 남겨주려는 생존 본능이 발현된 것이다.

우리는 이렇게 '다름'에, 곧 '특별함'에 끌리도록 설계되어 있다. 하지만 아이러니하게도, 우리가 그토록 갈망하는 '특별함'을 애써 증명하려 하지 않아도 우리는 이미 충분히 특별한 존재다. 과학적으로도 이 세상에 나와 유전자 배열이 완벽히 똑같은 사람은 단 한 명도 없다. 하지만 이 사실을 지나치게 자주 상기하면, 내가 마주하는 역경과 불행, 고통마저도 너무 특별한 것이 되어버린다. 특별함은 외로움을 불러온다. 고통이 나만의 것처럼 느껴질수록, 세상과의 연결은 끊어지고 외로움은 짙어진다. 그래서 우리는 '평범함'을 계속해서 상기해야 한다.

이 고통은 나만의 것이 아니야.
이런 감정을 느끼는 건 내가 특별히 이상해서가 아니야.
많은 사람이 이만큼의 아픔을 견디며 살아가고 있어.

평범함은 우리를 일으켜 세우는 마법 같은 힘을 지닌다. 고통과 불행을 나만의 특별한 것이 아닌 '보편적인 경험'으로 받아들일 때, 우리는 고통을 견딜 수 있는 내적 자원을 얻게 된다. 평범함을 깨닫고, 나의 고통이 특별한 것이 아니라는 사실을 인지하면 우리는 좀더 힘을 낼 수 있다. 평범함을 외면하지 말자. 평범함은 특별함의 반대말이 아니다. 오히려 진정한 특별함은 평범함 속에 깃들어 있고, 우리가 평범함을 받아들일 수 있을 때 비로소 진짜 특별함이 지켜진다. 평범함을 자기 것으로 품는 사람만이 진짜로 특별해질 수 있는 것이다.

불완전함이 완전함이다

앞에서 우리는 취약성을 받아들여야 강인해질 수 있고, 평범함을 받아들여야 비로소 특별해질 수 있음을 이야기했다. 그럼에도 불구하고 우리는 여전히 자신의 취약성과 평범함을 두려워한다. 왜일까? 어쩌면 우리는 마음 깊은 곳에서 "누구도 완벽하지 않으며, 완벽할 필요도 없다"라는 믿음을 놓지 못하고 있기 때문인지도 모른다.

흠 없이 매끈한 모습만이 사랑받을 자격이 있고, 결함 없이 잘난 모습만이 인정받을 수 있다고 여긴다. 그래서 스스로의 모난 부분과 부족한 면들을 애써 감추려 한다. 취약함은 창피한 것이고, 평범함은 실패한 것처럼 여긴다. 완전함을 추구하는 마음이 결국 우리를 불완전하게 만들고 있는 것이다.

완벽함은 목숨을 앗아갈 만큼 매혹적이다. 단순히 비유적 표현이 아니라 실제로도 그렇다. 의학자 밥 골드먼(Bob Goldman)이 1992년에 진행한 실험, '골드먼의 딜레마'가 이를 잘 보여준다. 그는 운동선수들에게 "만약 당신이 어떤 약을 복용하면, 완벽한 플레이와 금메달을 보장받을 수 있습니다. 하지만 5년 안에 죽게 됩니다. 그럼에도 약을 먹을 건가요?"라는 질문을 던졌고, 놀랍게도 절반가량이 "그렇다"라고 대답했다. 완벽을 향한 인간의 욕망이 얼마나 강렬한지 잘 보여주는 예이다.

완벽함을 추구하지 말라고 하려는 건 아니다. 완벽해지고자 하는 욕망은 강력한 동기부여가 된다. 하지만 중요한 것은 완벽하지 않은 상태에서도 우리는 충분한 가치가 있음을 이해하는 것이다. 드라마나 소설, 웹툰에서 완벽하게 그려지는 캐릭터들이 있다. 잘생기고 돈 많고 똑똑하고 이성적이고, 무엇에도 흔들리지 않고 합리적인 결정을 내리는 '완벽캐'. 아이러니하게도 이들에게 열광하는 이유는 그들의 '빈틈과 결점'이다.

예를 들어 BBC 드라마 〈셜록〉에서 셜록 홈스는 냉철한 두뇌와 뛰어난 추리력을 갖춘 인물이지만, 감정 표현과 인간관계에서 미숙한 모습을 보인다. 홈스의 논리와 추리가 사건을 완벽하게 해결하지만, 그의 인간적 약점이 예상치 못한 반전과 재미를 만들어내는 것이다. 바로 이 불완전함이 홈스라는 캐릭터와 드라마의 결정적 성공 요소이다. 또 냉철한 이성을 가진 홈스와 따듯한 감성을 가진 조력자 왓슨이 서로 티격태격하며 사건을 해결하는 모습은 "누구도 완벽하지 않으며, 완벽함이 모든 것을 해결할 수 없다"라는 메시지를 우리에게 던져준다.

'완벽하지 않음의 미학'은 실제 사례에서도 많이 찾을 수 있다. 전 세계적으로 가장 많이 쓰는 구글의 지메일(Gmail)이 대표적인 예이다. 지메일은 2004년 4월 1일 만우절에 출시된 서비스이다. 당시 구글은 검색 기능에 몰두했기 때문에, 메일 서비스는 테스트에 불과했다. 지메일 팀이 꾸려졌지만 3년 동안 지지부진했고 출시 여부도 회의적이었다. 서버 준비도 제대로 되어 있지 않았고, 약 1천 명의 베타테스터들과 그들이 초대한 사람들만 사용할 수 있었다. 만반의 준비 끝에 완성된 기능이 아니었기에 가벼운 마음으로, 4월 1일 만우절에 장난처럼 출시한 것이다.

그런데 오히려 이 장난 같은 태도가 지메일을 성공으로 이끌었다. 만우절 장난으로 끝나버리는가 싶었던 지메일은 예상 밖의 폭발적인 관심을 받았다. 다수의 이용자를 관리할 준비가 되어 있지 않아 도입한 '초대권을 받아야만 지메일을 사용해 볼 수 있다'는 방식은 성공적인 마케팅으로 이어졌다. 심지어 지메일 사용 초대권이 온라인 쇼핑몰 이베이(ebay)에서 150달러에 거래되기도 했다. 구글은 이후 3년이 흐른 뒤에 초대권 없이 지메일을 사용할 수 있도록 시스템을 갖췄고, 5년째인 2009년에 '베타' 딱지를 떼고 정식으로 서비스를 시작했다. 완벽함과는 거리가 먼, 장난처럼 시작했지만 결국 큰 성공을 이룬 구글의 사례는 완벽함만이 성공을 보장하는 것이 아님을 보여준다.

완벽한 상태에 대한 열망은 매혹적이다. 누구나 이루고 싶은 꿈이다. 완벽한 내 모습을 상상하는 것만으로도 설렌다. 그러나 완벽하지 않은 것 또한 그만큼 매혹적이다. 완벽함을 추구하지 않는 사람에게서는 여유와 숨통이 트이는 느낌을 받는다. 빈틈에 바람이 드나드는 것처럼. 모든 사람이 완벽을 추구하느라 얼어붙은 세계에서, 그 틈을 자유롭게 거니는 불완전한 사람이 오히려 더 매력적으로 보인다.

완벽함의 유혹에 휩싸여 마음이 얼어붙을 때면, 생각해 보자. 구글 지메일의 시작이 어떠했는지, 완벽하지 않은 캐릭터보다 그렇지 않은 캐릭터가 더 인기가 많은 이유를. 완벽하지 않기에 우리는 배울 수 있고, 시도할 수 있으며, 성장할 수 있음을 기억하자. 완벽하지 않다는 이유로, 스스로를 가두지 말자. 빈틈을 기꺼이 허용한 지금이 가장 인간답고, 아름답고, 단단하며 완전한 순간이다.

진짜 완전함은 오히려 불완전함을 품는 데서 온다. 무언가 빠진 채로도 사랑받을 수 있다는 확신, 조금 비틀어진 채로도 괜찮다는 자기수용, 그 여유로움이 우리를 더욱 단단하게 만든다. 완벽하지 않아도, 우리는 이미 충분히 괜찮은 존재다. 이 사실을 받아들이는 순간, 우리는 비로소 진짜 '완전함'에 다가설 수 있다.

자신감,
내 편이
되어주는
유일한 감각

자신감 증폭시키는 법

무슨 이유에서인지 지금의 내가 마음에 들지 않고, 인생의 방향을 크게 바꾸고 싶다는 생각이 든다면, 한 가지 확실한 방법이 있다. 지금 내가 가장 두려워하는 것을 '직접 해보는' 것이다. 지금 나를 얼어붙게 만드는 일을 떠올려보자. 해보고 싶은 마음은 분명 있었지만, 설렘 뒤에 따라오는 긴장과 두려움 때문에 늘 외면하고 회피했던 일. 막연히 '언젠가는 하겠지' 하며 미뤄왔으나, 막상 시작하려 하면 겁이 나서 엄두조차 내지 못했던 바로 그 일 말이다. 그 일이야말로 내 인생의 전환점을 만들어줄 가능성이 가장 큰 일이다.

그 일은 사람마다 다를 것이다. 꼭 거창하고 사람들에게 내

If you wish to change your life, do the very thing you fear the most.

삶을 바꾸고 싶다면, 가장 두려워하는 바로 그 일을 하라.

세우기 좋은 그럴듯한 일일 필요는 없다. 그게 무슨 일이든 나를 긴장하게 하고 고민하게 만드는 일이면 아주 훌륭하다. 누군가에게는 해외로 떠나는 일이, 또 다른 누군가에겐 한국으로 돌아오는 일이 될 수도 있다. 누군가는 집 앞 산책이, 누군가는 집에 혼자 머무는 일이 끔찍하게 두려울 수 있다. 혹은 식당에 가서 혼자 밥을 먹거나, 반대로 여러 사람과 식사 자리를 갖는 일일 수도 있다. 중요한 건, 그 일이 '남들이 보기에 어렵거나 대단한 일인가'가 아니라, 그 일을 떠올릴 때 내 안에서 어떤 감정이 올라오느냐를 살펴야 한다. 나를 얼어붙게 하고, 망설이게 하고, 긴장시키고, 도망치게 만드는 바로 그 일.

만약 그 일이 무엇인지 감이 잘 오지 않는다면, 이유 없이 자꾸만 미루고 있는 일을 떠올려보자. 사람들은 대부분 강한 긴장감이나 부담을 주는 일 앞에서 무의식적으로 회피하고 미루곤 한다. 그 미뤄둔 일이 우리가 찾고 있는 두려움과 닿아 있다.

나의 경우에는 하던 일을 멈추는 게 엄청난 두려움이었다. 유튜브를 시작하고 구독자 50만을 달성했을 때였다. 좋은 성과를 내기 시작한 그즈음부터 강박에 시달렸다. 유튜버라는 직업 특성상 '지금은 잘돼도, 계속 잘되리란 법은 없지'라는 아주 합리적인 생각이 머릿속을 떠나지 않았다. 성과를 내기 위해서는 일정 수준의 압박감이 필요하다고 믿었고, 실제로 좋은 성과도 따라왔지만, 문제는 그 '압박'을 조절할 줄 몰랐다는 데 있었다. 나는 나를 쉴 새 없이 몰아붙이기만 했고, 어떻게 나를 보살펴야 하는지 전혀 알지 못했다.

그래서 멈추고 싶었다. 잠시 쉬고 싶었다. 하지만 그 쉬는 '결정'조차 두려웠다. 잠시 휴식기를 가졌던, 친분도 없는 유튜버에게 무작정 메일을 보내서 "쉬니까 어떠세요?" 하고 묻기도 하고, 공백기를 가지면 유튜브가 망하는지를 알기 위해 열심히 검색했다. 메일을 받은 유튜버는 매우 친절하게 격려해 주었지만, "쉬니까 확실히 나아집디다"라는 확신은 줄 수 없었다. 애초에 타인에게서 받을 수 있는 확신이 아니었다. 검색해 보니 "쉬면 알고리즘이 망한다"라고 겁을 주는 영상도 많았다(나중에 구글 코리아가 확인해 주기를, 쉰다고 알고리즘이 망하지는 않는다고 한다). 한계에 이르렀음을 느꼈지만, 나는 이번 주까지만 해보자, 다음 주까지만, 다음 달까지만 해보자며 버텼다. 시간이 흐를수록 체력은 떨어지고, 정신적으로 고갈됐다. 그러다 내가 가장 두려워했던 '공백기'를 반강제적으로 맞이하게 됐다. 번아웃이 온 것이다.

이상하게 들릴지 모르겠지만, 공백기를 반강제로 '때려 맞다' 보니 오히려 두려움이 사라졌다. 그때부터 나는 그동안 망설였던 일들을 하나씩 해보기 시작했다. 멋있어 보였지만 주저했던 클라이밍에도 도전하고, 평소라면 하지 않았을 희한한 색으로 머리 염색도 해봤다. 사실 별거 아닌 일일 수 있지만, 나는 그 경험들을 통해 망설임에 가려진 욕망을 마주할 용기를 가진 '나'를 인식하게 된 거다. '나에게는 내가 있구나' 하는 자각. 나는 내가 될 수 있도록 허락하고 기다려주고 도전할 만큼 강하다는 사실을 체감했다.

나를 망설이게 하고 두렵게 하는 일을 해내는 순간, 우리가 얻게 되는 건 '나'에 대한 신뢰와 자신감이다. 왜 그럴까? 예를 들어보자. 당신이 초등학생이고, 닭꼬치가 먹고 싶다고 해보자. 그런데 혼자 닭꼬치 가게에 들어가 주문하는 일이 두려워서 망설이고 있다. 쫄깃한 닭꼬치가 정말 너무너무 먹고 싶은데, 겁이 나서 발걸음이 떨어지지 않는다. 그때, 누군가 나타나 "괜찮아, 내가 같이 가줄게" 하며 손을 잡고 가게에 들어가 닭꼬치를 주문해 건네준다면? 아이는 그 사람을 신뢰하게 되고, 오래도록 기억할 것이다.

닭꼬치를 예로 들었지만, 이건 단지 하나의 비유일 뿐이다. 두려움과 망설임이 우리를 가로막는 모든 순간에, 누군가가 따뜻한 눈빛과 말로 당신을 안심시키고, 손을 잡고 원하는 것을 이루게 도와준다면, 우리가 그 사람을 어찌 신뢰하지 않을 수 있을까? 사랑하지 않을 수 있을까? 심지어 그 사람과 죽는 순간까지 평생을 함께할 수 있다면, 얼마나 스스로의 욕구에 솔직한, 용감하고 충만한 삶을 살 수 있을지 생각해 보자. 우리 모두에게는 그런 사람이 필요하다. 그러니 스스로에게 그런 사람이 되어줘야 한다. 내가 내 손을 잡아주고, 내가 나를 안심시키고, 내가 나를 응원해 주면, 나는 나를 진심으로 믿을 수 있게 된다. 그러면 내 삶은 점점 더 용기 있고, 솔직하고, 충만해진다.

내가 가장 두려워하는 일을 실행에 옮기는 궁극의 이유는 그 경험을 통해 어떤 상황에서도 나를 지켜줄 수 있는 사람은 '나'라는 확신을 선물해 주기 위해서다. 글로 보면 그저 멋있는 말처럼 느껴질 수도 있다. 그러니 직접 해보자. 꼭 해봐야만 안다. 그리고 기억하자. 이 과정에서 명심할 것은 내가 무언가를 얼마나 잘 해내는지는 중요하지 않다는 사실이다. 나는 이를 두고 유튜브 영상에서 "합법적 좆밥이 될 것을 허용한다"라고 표현했다. 당신은 모든 걸 잘 해낼 필요가 없다. '나에게 든든한 나'를 자각하기 위해서, 무언가를 '잘'하는 건 중요하지 않다. 우리가 이 도전으로 정말 얻고자 하는 것은 뭐든 잘하는 '나'라는 인식이 아니라, 두려움에도 불구하고 나 자신을 위해 행동할 만큼 강하다는 자각이다. 두려움에도 불구하고 행동하는 나, 그리고 그런 나를 스스로 믿을 수 있다는 확신이다.

스스로를 잃지 않는 법,
직감에서 시작된다

두려움에 숨은 욕망을 꺼내 행동으로 옮기는 과정에서 우리는 비로소 내 안의 '진짜 나'와 만나게 된다. 이 '내면의 나'를 어떻게 부를지는 학자마다 다르다. 사회학자들은 사회적 자아, 심리학자들은 무의식 혹은 자율적 주체로 표현하지만, 여기서는 일단 '직감'이라고 불러보자.

내가 원하는 선택을 내리기 위해서는 직감을 키우는 것이 아주 중요하다. 직감은 즉각적이고 본능적인 감각을 통해 상황을 이해하고 느끼게 만든다. 내면의 직감을 듣고 따를 수 있게 되면, 스스로를 신뢰할 수 있게 된다. 그렇게 뭉쳐진 신뢰는 내가 꼭 해야만 하는 행동을 실제로 하게 만드는 강력한 '자신감'이 된다. 하지만 직감을 따르는 것은 쉽지 않다. 특히 요즘처럼 직감이 마비되기 쉬운 환경에선 더더욱 그렇다.

예컨대 숏폼 영상 콘텐츠를 생각해 보자. 우리는 더 이상 보고 싶은 걸 '직접' 선택하지 않는다. 플랫폼은 나이, 성향, 선호 데이터를 기반으로 나와 비슷한 또래와, 비슷한 취향을 가진 사람들이 좋아할 만한 영상을 자동으로 노출시킨다. 우리는 알고리즘에 의해 노출된 콘텐츠를 시청하고, 무의식적으로 타인의 반응을 먼저 받아들인다. 특히나 쇼츠를 시청할 때는 무엇을 시청할지 '선택'하는 과정이 빠져 있다. 그저 스크롤을 내리면, 내가 선택하지도 않은 영상이 등장한다. 그러다 보면 어떤 사안이나 상황에 대해 내 생각이 무엇인지 돌아보는 시간을 갖기 전에, 남의 생각을 훑고 '판단'하는 사고 흐름을 갖기 쉬워진다. 이 과정은 너무나 자연스럽고 빠르게 진행되어 왔다. 결국 우리는 특정 방향의 편향된 시각을 갖게 되거나, 타인의 생각 중 일부를 나의 것으로 채택하는 흐름으로 사고하게 된다.

물론 어떻게 보면 특정 정보를 접하는 방식이 바뀐 것일 뿐인지도 모른다. 예전엔 신문과 뉴스, 지인을 통해 접했던 정보를 지금은 휴대폰을 들고 스크롤을 내리며 영상으로 접하게 된 것뿐이지 않은가. 하지만 이전과 분명하게 달라진 점이 있다면, 그 뉴스와 정보에 대한 타인의 반응을 너무도 쉽고 빠르게 알 수 있다는 사실이다.

우리는 본능적으로 타인의 머릿속을 궁금해한다. 내가 보는 것을 타인은 어떻게 보는지 확인하고 싶어 한다. 흥미로운 영상을 볼 때면 영상을 다 보기도 전에 댓글 창을 연다. 댓글의 분위기에 따라 영상을 시청하는 나의 시각과 태도가 바뀌기도 한다. 더 나아가 콘텐츠를 보는 사람들의 반응만을 즐기기도 한다. 최근 '리액션 유튜브 콘텐츠'가 인기를 끄는 것도 이런 맥락이다. 이상한 현상은 아니다. 우리는 타인과 함께 살면서 사회가 허용하는 '정상의 범위'를 끊임없이 확인한다. 그래야 무리에서 배제되지 않고 살아남을 수 있기 때문이다. 우리가 이 메커니즘에 동의하는지 동의하지 않는지를 떠나, 사실이 그렇다.

더군다나 지금은 일반인도 영상을 통해 언론 못지않은 영향력을 갖게 되었고, 숏폼의 범람으로 내가 알고 싶다고 선택하지 않은 세상의 일도 자연스럽게 영상으로 만난다. 그리고 그 뉴스를 접한 사람들의 신랄하고 다양한 평가를 댓글로 아주 쉽고 빠르게 접한다. 누군가의 생각이나 행동에 대해 다수가 어떻게 반응하는지 그리고 그렇게 생성된 여론이 얼마나 강력하고 때때로 파괴적인 영향력을 미치는지 우리는 매일 목격하고 있다. 그래서 사람들은 사회가 정의하는 '정상성' 다르게 말해 '옳음'에 더 집착할 수밖에 없다. 옳음은 생존에 필요한 조건처럼 느껴지는데, 문제는 이 옳음에 대한 욕망이 커졌을 때다. 옳음에 대한 지나친 욕망은 오히려 우리의 눈을 가리고 마음을 속이며, '진짜 나'를 점점 더 멀리 밀어낸다.

《클리어 싱킹(Clear Thinking)》의 저자이자 캐나다 정보기관의 비밀 요원으로 일하며 국가 기밀을 다룬 셰인 패리시(Shane Parrish)는 한 대기업 CEO에게 "직원의 수행 능력을 가장 잘 예측할 수 있는 성격적 특성이 무엇인가요?"라고 물었다. CEO는 주저 없이 대답했다.

"그거야 쉽죠. 자신이 옳다고 생각하는 의견을 얼마나 빠르게 바꿀 수 있냐는 겁니다. 어떤 사람들은 무엇이 옳은지보다, 자신이 옳다는 것을 증명하는 데만 너무 집중하거든요."

많은 사람이, 직감과 연결된 '진짜 원하는 것'보다 '옳은 것처럼 보이는 선택'을 택한다. 하지만 내가 언제나 옳고 싶다는 욕망은 사람을 공허하게, 결국 불행하게 만든다. 왜냐하면 그 욕망은 우리를 내면이 아니라 끊임없이 외부로 향하게 만들기 때문이다.

'무엇이 옳은가'에 대한 기준은 결국 사회가 정한다. 그 '옳음'은 시대, 장소, 문화 등 다양한 조건에 따라 끊임없이 바뀐다. '옳음'을 좇는다면, 끊임없이 외부의 판단에 귀 기울일 수밖에 없다. 결국은 내가 진짜 원하는 것이 무엇인지 잊게 되면서 '나'를 잃어버리기에 이른다. 외부의 소리에 따르니, 일단은 사회 속에서 '살아남는 것'에는 성공할 수 있다. 하지만 내적으로는 살아 있음을 느끼지 못하는 상태, 즉 공허함에 빠지게 된다. 그 공허함은 시간이 갈수록 더 커진다. 덜 공허하고, 더 충만한 삶을 위해 다시, 내면의 소리를 듣고 내면의 소리에 귀 기울이고 직감을 회복할 필요가 있다.

내면의 소리를 중시하고 외면의 소리는 경시하자는 건 아니다. 사회가 건강하게 유지되기 위해 꼭 존재해야만 하는 규범들을 어기자는 얘기가 아니다. 사회의 규범과 도덕적 기준이 존재하기 때문에 우리는 사람들과 더 안전하게 공존할 수 있다. 많은 이들과 공존하기에 탄생하고 유지되는 문명의 발전으로 인해 우리가 얻는 혜택은 크다. 그러나 그 규범들이 내 삶의 모든 선택을 대신할 수는 없다. 그래서도 안 된다. 사회가 정의한 '옳음'을 최우선으로 내세우다 보면 나의 욕망과 직감의 소리는 점점 작아질 수밖에 없다. 최소한 외부의 소리를 듣는 만큼, 내면의 소리도 들을 수 있어야만 한다.

그럼 직감을 어떻게 키울 수 있을까? 첫걸음은 용기다. 내면의 소리에 귀 기울이고, 따르겠다는 용기 말이다. 우리는 매일 다양한 감정을 느낀다. 그 감정 속에는 내가 진짜로 원하는 것에 대한 힌트가 담겨 있다. 그 목소리에 조용히 집중하고, 그에 따라 행동해 보는 것. 그 경험이 쌓일수록 직감은 점점 또렷해진다. 그러나 강한 직감을 갖는다고 해서 미래를 예언하거나 어떤 문제의 정답을 알게 되는 건 아니다. 다만 내 직감을 신뢰하지 못해서 그와 반대되는 선택을 내리고 후회하는 일은 줄일 수 있다.

많은 경우, 우리를 가장 아프게 하는 건 외부의 상황 그 자체가 아니다. 그 상황 속에서 나의 대처 방식이 나에게 상처를 남긴다. 고마울 때 고맙다고 말하지 못한 나, 불합리한 상황에서 침묵해 버린 나. 그런 나 자신을 돌아보며 수치심을 느끼고 자책한다. 하지만 평소에 내 직감을 듣는 연습이 되어 있다면, 감정을 더 명확하게 인지하고, 나를 지킬 수 있는 적절한 선택을 할 수 있다. 또 내가 내린 선택에 책임을 지는 법, 그에 따르는 결과를 겸허히 받아들이고 배우며 앞으로 나아갈 수 있게 된다.

우리 모두 알다시피, 인생에 절대적인 정답은 존재하지 않는다. 우리가 끝까지 수행해야 할 단 하나의 라이프 미션은, '나를 알고 이해하고 내가 진정으로 원하는 사람이 되는 것'이다. 그 여정에 직감은 반드시 필요한 도구다.

어떻게 직감을 키울 수 있을까? 너무 무겁게 생각할 필요는 없다. 직감은 거창한 훈련이 아니라 아주 사소한 일상의 실천으로 키울 수 있다. 가장 쉽게 시작해 볼 수 있는 건 음식 메뉴 선택이다. 내가 무엇을 먹고 싶은지 스스로 정해보는 것. '점메추(점심 메뉴 추천)'라는 단어가 유행할 정도로 우리는 '무엇을 먹을지'조차 스스로 결정하지 못하고, 타인의 의견을 먼저 묻는다. 나도 그런 적이 많다. 하지만 무엇을 먹느냐는 내 몸에 직접적인 영향을 주고, 그 결과를 곧바로 느끼고 확인할 수 있는 재밌는 선택이다. 타인에게 무엇을 먹을지 묻기 전에 잠시 멈춰 스스로에게 물어보자. 지금 나는 무엇을 먹고 싶어 하는지. '내 몸은 지금 어떤 맛을 원할까? 신맛? 매운맛? 짠맛?

DOUBLE CLICK

Our greatest mission is to know ourselves, understand ourselves, and become who we truly are. Intuition is the compass of that journey.

우리가 끝까지 수행해야 할 단 하나의 라이프 미션은,
"나를 알고 이해하고 내가 진정으로 원하는 사람이 되는 것"이다.
그 여정에 직감은 반드시 필요한 도구다.

단맛? 담백한 음식? 기름진 음식? 수분이 부족한가? 에너지가 필요한가? 그다음에는 조금 더 세부적인 선택을 해보자. 생선? 고기? 채소? 국물? 무엇에 더 끌리나? 오늘 나는 내 직감을 좇아 오징어 요리를 먹었다.

너무나 사소한 방법으로 직감을 키운다는 게 우스워 보일 수도 있지만, 아주 효과가 좋으니 꼭 해보길 바란다. 외부에 시선을 돌리기 이전에 나의 내면에 시선을 돌리고 그에 집중하는 것, 그리고 그 결정에 따라 행동하는 것. 그리고 그 행동의 결과인 '음식'을 오감으로 느끼는 것은 생각보다 아주 강력한 영향을 줄 것이다. 밥 먹을 때도 마찬가지다. 한 입 한 입을 느끼며, 내가 지금 멈추고 싶은지, 더 먹고 싶은지를 살핀다. 조금이라도 그만 먹고 싶다는 생각이 들면 그 직감을 따라 수저를 내려놓자. 이런 반복을 통해 우리는 '내가 내 행동에 큰 영향력을 미치고 있구나'라는 감각을 얻게 된다. 그리고 그 감각은 직감의 소리를 더 분명히 들을 수 있도록 도와준다. 이 사소한 결정을 스스로 해내는 경험이 누적될수록, 직감은 더 선명해진다. 그리고 그 직감에 따라 행동하고, 그 결과를 오감으로 온전히 경험할 때, 내면의 신호는 강력해진다.

이렇게 직감대로만 살다 보면 충동에 지배당하지 않을까? 직감이 항상 이성적인 선택을 내리는 건 아닐 텐데 하는 불안한 마음이 들 수도 있다. 하지만 걱정할 필요는 없다. 이유는 두 가지다. 첫째, '이성'은 생각보다 정확도가 낮다. 우리가 무조건 신뢰하는 경향이 있는 이성은 사실 그렇게 믿을 만하지 않다. 실험에 따르면, 인간은 쥐보다도 비이성적인 선택을 내리는 경우가 있다. 이성적 판단이라는 것도, 결국 한정된 정보와 제한된 조건 안에서 이루어지는 추정일 뿐이다.

둘째, 직감은 훈련될수록 더 정교해진다. 충동과 직감은 다르다. 직감은 반복적으로 듣고 따르는 훈련이 쌓일수록, 감정적 충동과는 구분되는 분별력이 생긴다. 직관을 따른 행동들은 어떤 방향이든 결과를 낳고, 우리는 그 결과를 보며 직감을 피드백하고 내가 원하는 결과치를 내도록 리드하게 된다.

예를 들어, 어제저녁에 밥을 먹다가 '그만 먹고 싶다'라는 느낌이 들어 멈췄는데, 몇 시간 뒤에 배가 고파서 잠들기 힘들었다고 가정해 보자. 그럼, 오늘 저녁은 어제보다는 밥을 조금 더 먹고 내 컨디션을 살펴보는 거다. 이런 식으로, 직감을 무조건 따라야 하는 두려움의 존재로 보기보다 나와 긴밀하게 소통하는 방법으로 인식하자.

직감은 우리가 주의를 기울이든 기울이지 않든 항상 우리 안에 존재한다. 이 직감의 소리를 들었음에도 신뢰해 본 경험이 부족해서 무시해 버릴 뿐이다. 직감을 무시한 뒤 '아, 그때 그렇게 할걸…', '그 생각이 스치긴 했는데…'라는 타이밍 조금 늦은 후회가 찾아오기도 한다. 다들 경험해 봐서 알겠지만 내가 나를 신뢰하지 못해서 발생한 후회는 그 어느 것보다 고통스럽다.

직감의 소리를 키우고 이를 신뢰하고 행동으로 옮기는 경험치를 쌓으며 우리는 직감의 소리를 더 잘 들을 수 있게 된다. 그렇게 되면, 우리는 직감의 신호를 애써 무시하지 않아도 된다. 필요할 때는 따르고, 또 어떤 때는 그 소리를 충분히 들은 후 다른 선택을 할 수도 있다. 직감을 신뢰하지 않거나, 무시해서가 아니라 모든 옵션을 고려하고 충분히 고민한 뒤 내가 원하는 방향으로 선택한 것뿐이다. 그것은 회피가 아니라 성숙한 자기 결정이다. 그러니 직감을 키우는 것을 두려워할 필요가 없다.

직감은 불안정하거나 위험한 무언가가 아니다. 직감은, 내가 나와 연결될 수 있는 가장 가까운 실마리다. 그 실마리를 붙잡고 연습하고, 조금씩 나를 더 잘 알아가는 것. 그것이 우리를 조금 덜 공허하게, 그리고 조금 더 충만하게 살아가게 한다. 그러니 두려워하지 말고 오늘부터 시작해 보자. '오늘은 내가 뭘 먹고 싶은지' 그 작은 질문의 답을 실행해 보자.

자신감에 대한 치명적 오해

직감을 키우면 인생을 내가 원하는 방향으로 이끌 수 있다는 자신감을 갖게 된다. '자신감'이란 말은 때때로 많은 오해를 만들어낸다. 생각해 보자. '자신감 있는 사람'이라고 하면 어떤 모습을 떠올리는가? 혹시 어떤 일이든 거침없이 해낼 것 같은, 세상의 기준에 미달되지 않은, 거의 완벽에 가까운 존재를 떠올리지 않았는가? 그리고 그런 사람들 손에 아주 자연스럽게 쥐어져 있는 게 바로 '자신감'이라고 여기기 쉽다. 이는 '자신감'과 '당당함'을 혼동한 결과이다. 물론 자신감이 있으면 당당하게 행동할 확률이 높다. 하지만 당당해 보인다고 해서 반드시 자신감이 있는 것은 아니다. 당당한 태도와 자신감은 다르다. 외적으로 어딘지 위축돼 보이는 사람도 사실은 내면에 단단한 자신감을 지녔을 수 있다. 내가 이 말을 하는 이유는 자신감을 얻기 위해 당당한 태도를 흉내 낼 필요는 없다고 말하고 싶기 때문이다. 그러니 지금의 당신이 겉으로 당당한 태도를 취하기 어려운 상황에 있더라도, 그것이 곧 자신감이 사라졌음을 의미하지는 않는다

혼동이 올지도 모르겠다. 그럼, 자신감이란 대체 무엇인가. 자신감은 본질적으로 '스스로를 신뢰하는 힘'이다. 자신감은 원하는 목표치를 위해 실행에 옮길 때 가장 필요하다고 생각하기 쉽다. 하지만 자신감은 뭔가를 실행할 때뿐만 아니라, 감정을 느끼고, 말을 하고, 관계를 맺고, 결정을 내리는 거의 모든 순간에 작용한다. 개인적인 인간관계에서부터 업무와 관련된 사회적 상황에 이르기까지 자신감은 엄청난 영향력을 끼친다.

예를 들어, 인간관계 속에서 내가 느끼는 감정을 스스로 신뢰하지 못하면, 나에게 부정적인 영향을 주는 사람과의 관계에서 벗어나지 못한다. 분명히 극심한 감정적 고통을 느끼고 있음에도 불구하고 아무런 행동도 취하지 못한 채, 오히려 그 고통의 원인을 자기 자신에게서 찾는다. '내가 예민한 건 아닐까?', '내가 너무 민감한 걸지도 몰라.' 이런 식으로 감정을 끝없이 검열하고 자책하는 악순환에 빠지기 쉽다. 반복적으로 자신의 감정과 판단을 의심하게 되면, 결국에는 자신을 존중하는 능력, 즉 자존감이 크게 훼손된다. 자존감이 약화된 상태

에서는 자신을 지키기 위한 '거절'이나 '단절' 같은 건강한 대응을 실행하기 어렵다. 결과적으로, 자신을 고통스럽게 만드는 환경에 스스로를 계속 노출하는 선택을 하게 된다. 그리고 그런 스스로의 모습에 실망하고 또다시 자책하면서, 관계의 굴레에서 빠져나오기 더 힘들어진다. 이 굴레를 끊기 위해 가장 필요한 것은 자신에 대한 신뢰, 즉 자신감이다.

업무적인 상황에서도 마찬가지다. 자신이 맡은 일을 잘 해낼 수 있다는 스스로에 대한 신뢰가 없으면, 그 일은 나의 부족함을 끊임없이 증명하는 시험대가 된다. 자신감 없는 사람에게 업무는 단순한 과제가 아니라 실패와 수치심을 끊임없이 환기하는 '괴물'처럼 느껴질 수 있다. 그래서 우리는 종종 그 일을 회피하고, 도망치고 싶어진다. 하지만 문제는 그렇게 도망친 일이나 상황이 완전히 사라지지 않는다는 데 있다. 우리가 회피했던 대상은 종종 다른 얼굴로, 다른 상황 속에서 다시 등장한다. 그럼 어쩌겠는가? 결국 방법은 하나다. 자신에 대한 신뢰, 곧 자신감을 키워서 도망치고 회피했던 것들, 그 두려움을 정면으로 마주하는 수밖에 없다.

자신감은 직감을 키움으로써 얻을 수 있다. 앞서 나는 '나'를 마주하는 행위를 '직감'이라고 표현했다. 다소 돌려 말한 것처럼 들릴 수도 있겠지만, 자신감은 자신과의 연결에서 비롯된다. 자신감은 스스로를 신뢰하는 힘이다. 그런데 생각해 보라. 누군지도 모르는 사람을 쉽게 신뢰할 수 있을까? 당연히 어렵다. 그 사람이 어떤 사람인지 알아야 신뢰할 수 있다. 이제 당신이 뻔하디뻔하게 들은 바로 그 말을 할 차례다. 결국 나를 알아야 한다. 내가 누군지 어떤 사람인지 알아야만 신뢰할 수 있는 것이다. 내가 누구인지 알려주는 목소리가 바로 '직감'이다.

아마 당신은 자신감에 대해 또 하나 아주 익숙한 문장을 들어본 적 있을 것이다. 바로 "작은 성공 경험을 반복해야 자신감을 얻을 수 있다"라는 말이다. 자기 계발서나 강연에서 수도 없이 반복되었던 이 문장, 이제는 질릴 만큼 익숙할지도 모른다. 하지만 이 말을 조금만 더 깊이 들여다보자. '작은', '성공', '경험'… 도대체 그 '작은 성공'이란 건 누구 기준인가? 흔한 예로, 아침에 이부자리를 정돈하는 일을 작은 성공 경험이라고들 말한다. 누군가에게는 그것이 무의식적으로 반복되는 습관일 수도 있다. 하지만 또 다른 누군가에게는 그 일이 심리적인 에너지를 쥐어짜야만 가능한 큰 도전일 수도 있다. 볼일을 보고 손을 씻는 게 누군가에게는 아주 당연한 위생 관념일 테지만, 강박장애(OCD)나 우울증을 앓고 있는 사람에겐 엄청난 자제력과 결심이 필요한 일이 될 수 있다. 도대체 작은 성공을 정의하는 그 기준이 뭐란 말인지… 정말 애매하지 않은가?

궁극적으로 하려는 말은, 결국 '작은 성공'이라는 것도 '나'를 알아야만 쌓을 수 있는 경험치이다. 내가 지금 어떤 상황에 있는지, 어떤 성향을 가졌는지, 감정 상태는 어떤지 등 이런 요소들을 인식하고 이해해야 비로소 '무엇이 나에게 성공 경험이

DOUBLE CLICK

That cliché is true. You must know yourself. The voice that tells you who you are is your intuition.

우리가 뻔하디뻔하게 듣는 바로 그 말! 결국 나를 알아야 한다.
내가 누구인지 알려주는 목소리가 바로 '직감'이다.

되는지'를 분별할 수 있다. 다시 말해, 자신감은 단순한 성공의 결과가 아니라, 자기 자신을 정확히 아는 데서 비롯되는 '신뢰의 감정'이다. 자신감 회복을 위해 나 자신을 깊이 이해하고 연결하는 연습부터 시작해야 한다.

다음 장에서는, 이 연결을 도와줄 실질적이고 효과적인 방법을 소개하겠다.

악마의 자신감, 4단계 설계법

자신감은 감정이 아니라 구조다. 내가 누군지 알고 자신감을 강화하는 매우 효과적인 방법이 있다. 이 방법은 4단계를 거쳐 실천할 수 있다. 첫 번째 관찰, 일주일 동안 스스로를 있는 그대로 관찰한다. 두 번째 파악, 일주일에 내가 어느 정도의 일을 수행하고 있는지 파악한다. 세 번째 계획 수립, 파악한 정보를 바탕으로 일주일의 계획을 세운다. 네 번째, 실행. 그 계획을 실제로 행동으로 옮긴다. '밥 먹는 거 말고 아무것도 안 하는데 어떡하냐'고? 그럼, 밥 먹는 것을 목표로 삼으면 된다. 무리한 계획을 세우는 것이야말로 스스로를 외면하고 무시하는 행위다. 당신이 만족하든 아니든 지금의 당신이 그 정도의 일밖에 하지 못하는 데는 분명한 이유가 있다. 그 이유가 신체적이든, 정신적이든, 환경적이든 간에, 그 또한 지금의 삶에 영향을 미치고 있으니 혐오하거나 무시해서는 안 된다. 그래서는 나를 신뢰할 수 없다. 이 4단계를 차근차근 실천해 나간다면, 우리는 아주 단단하고도 강력한—말 그대로 '악마의 자신감'을 갖게 될 것이다.

1단계: 관찰

첫 번째 단계인 관찰은 매우 중요하다. 4단계 중 가장 중요한 단계다. 내가 몇 시에 일어나는지, 일어날 때의 감정이 어땠는지, 밥은 하루에 몇 끼를 언제 얼마나 먹고 있는지, 일은 얼마나 하고 있는지 나의 일상과 감정 상태를 아주 세밀하게 관찰해보자. 그렇게 관찰한 결과를 틈틈이 메모장에 기록하라. 시간과 함께 메모하면 아주 좋다. 메모장은 시도 때도 없이 열어서 메모를 남겨야 하기 때문에 접근성이 아주 좋아야 한다. 노트든, 휴대폰 메모장이든, 노션이든 상관없다. 하지만 가장 중요한 것은 접근성이 아주 매우 좋아야 한다는 사실이다. 1단계 관찰의 과정에서는 최대한 솔직하게 스스로를 살펴보고 기록하면 된다. 예를 들어, 내 실제 메모 일부는 이런 식이다.

AM 8시 25분: 기상. 무슨 꿈을 꿨는데 웃겨서 웃으면서 일어났다. 무슨 꿈이었는지는 기억 안 남. 갑자기 소리를 내서 그런지 같이 자

던 강아지가 침대에서 도망갔다. ㅋㅋ

PM 3시 10분: 유튜브에서 예능 영상 봄. 이전에 봤던 영상인데 전에 대충 봐서 다시 봄.

PM 4시 15분: 노래 듣다가 거슬려서 끄고 일함

한 가지 기억해야 할 것은 스스로를 관찰하는 과정에서 자신을 섣불리 판단하고 그에 사로잡혀 관찰을 멈추지 말아야 한다는 사실이다. 관찰을 하다 보면 때로는 스스로 게으르다거나 한심하다고 느끼고, 분노나 슬픔, 혹은 자기혐오 같은 감정이 치밀어 오를 수도 있다. 나를 마주하는 과정에서 온갖 감정이 드는 건 자연스러운 일이다. 몸과 마음이 아파 병원을 찾은 사람들도, 의사에게 증상을 말하고 진단받는 과정에서 강렬한 감정의 파도를 경험한다고 한다. 안도감, 분노, 슬픔, 억울함, 무기력함 등 다양한 감정 말이다. 지금 우리가 하는 자기관찰 역시 그런 과정과 다르지 않다. 관찰의 과정에서 마주하는 나의 모습과 감정을 억누르거나 외면하지 않아도 된다.

관찰 과정에서 감정은 가능하면 세세하게 기록하는 게 좋다. 스스로와 대화를 나눠본 경험이 적을수록 자신의 감정을 알아차리고 글로 정리하며 형태를 부여하는 일이 낯설고 어색하게 느껴질 수 있다. 그래서 '아니 행동만 관찰하면 되지, 굳이 감정까지 적어야 해?'라고 생각할 수도 있다. 하지만 감정은 나의 행동을 아주 잘 설명해 주는 중요한 요소다. 어떤 행동을

하기까지 내가 느꼈던 감정을 파악하면, 나를 훨씬 더 깊이 이해할 수 있다. 그렇다면 나에 대한 이해도가 높아지면 어떤 점이 좋을까? 가장 먼저, 스스로를 쉽게 비난하지 않고, 더 너그럽게 받아들일 수 있게 된다.

인간은 타인의 행동에 분노를 느끼다가도, 그 사람의 사정을 이해하게 되면 놀라운 자비를 보이기도 한다. 예를 들어, 길을 걷는데 누군가가 갑자기 달려와 부딪혀 넘어졌다고 해보자. 상대가 사과도 없이 허둥대며 그냥 지나쳐 버린다면, 우리는 즉시 화를 내고 불쾌감을 드러낼 것이다. 하지만 나중에 그가 가까운 사람이 크게 다쳐 병원에 가는 중이었다는 사실을 듣게 된다면, 우리는 그 사람을 오히려 이해하고 연민을 느끼며 용서하게 될 확률이 높다.

소중한 관계를 건강하게 지켜내고 싶다면, 나의 상황이나 감정 상태를 '잘' 설명하고 양해를 구하는 정성이 필요하다. 그 정성은 상대에게 사랑의 표현 방식이자 존중이 되고, 상대가 나를 더 잘 이해할 수 있게 만들어준다. 그리고 그 똑같은 정성을, 우리는 우리 자신에게도 쏟아야 한다. 우리가 행하는 행동과 그로 인한 결과만을 바라보는 대신, 그 과정에서 내가 느끼는 감정까지 자세히 관찰하고 기록하면서 스스로에게 양해를 구하게 되는 것이다. '나를 오해하지 말고, 성급하게 판단하지 말고 조금 더 이해해달라'고. 그 과정을 반복하다 보면 우리는 어느 순간 깨닫게 된다. 이렇게 정성을 들일 만큼, 나는 나를 사랑하고 있구나. 그리고 당연하게도 우리는 자신을 존중하며 사랑할 줄 아는 '자신'을 신뢰하게 된다.

2단계: 파악

일주일 동안의 관찰을 마쳤다면 이제 관찰된 정보를 바탕으로 파악을 해보자. 이 단계에서는 내가 지난 일주일 동안 어떤 일을 얼마나 했는지, 그리고 그 과정에서 어떤 감정을 느꼈는지 들여다보는 것이 핵심이다. 특히 중요한 것은 '내가 해야 한다고 생각하는 일'의 양과 그에 대한 실제 수행 정도를 비교하는 일이다.

해야 한다고 생각하는 일과 자신의 현재 수행 능력이 내놓는 결과물의 거리가 클수록 강한 죄책감이나 자기혐오를 느낄 확률이 높아진다. 예를 들어 일주일 동안 공부해야 할 과제가 10개인데, 일주일 동안 1개도 해내지 못했다면, 우리는 죄책감이나 자기혐오에 빠지게 된다. 죄책감은 일시적으로 집중력을 높이거나 업무 수행 속도를 끌어올리는 데 도움이 되기도 한다. 마감 직전의 초인적인 몰입이 바로 그런 경우다. 하지만 이러한 방식은 결코 지속적일 수 없다. 죄책감에 기반한 수행은 점점 정서적 탈진을 일으키고, 자기효능감을 갉아먹으며, 결국에는 자기파괴적 결과로 이어질 수 있다.

예를 들어, 몇 번의 '마감 기적' 이후에는 스스로에 대한 신뢰가 무너지고, 어떤 일이든 시작하기조차 버거워지기도 한다.

이러한 부정적인 감정에 빠지지 않고, 스스로를 보호하기 위해 우리는 일의 목표치와 실제 수행 능력 간의 거리감을 최대한 좁혀야 한다. 다만 현재 나의 상태를 무시하고 무리한 계획을 세우며 몰아붙이는 방식이 아니라 자신감 즉 스스로를 신뢰하는 힘을 키우는 방식으로 말이다.

3단계: 계획

첫 번째 단계인 '관찰'과 두 번째 단계인 '파악'을 마쳤다면, 이제는 그 결과를 바탕으로 실질적인 계획을 세우는 단계에 들어간다. 이 첫 번째 계획은 어디까지나 관찰된 나의 현실을 기준으로 해야 한다. 내가 어떤 사람이고, 무엇을 실제로 해내고 있었는지 '있는 그대로' 받아들여야만 비로소 나를 기반으로 한 실행 계획이 만들어질 수 있다.

예를 들어, 관찰 결과 내가 하루에 밥을 세 번 먹었다면, '세 번 먹기'를 계획의 일부로 설정해야 한다. 일주일에 해야 할 일이 10개인데, 실제로는 1개밖에 하지 못했다면, '1개 해내기'를 목표로 잡아야 한다. '내가 지킬 수 있는 계획'을 세우는 것, 이것이 핵심이다. 물론 이런 의문이 들 수 있다. '아니, 그럼 내가 해야 할 목표치는 언제 채워? 그냥 현상 유지만 하라는 거야?' 이런 질문이 떠오르는 건 당연하다. 나 역시 그랬다. 하지만 조급해하지 않아도 된다. 우리는 지금 '기초 체력을 다지는 중'이다. 이 과정은 마치 다리에 깁스를 한 사람이 다시 걷기 위해

재활 운동을 하는 것과 비슷하다.

기초적인 움직임부터 되찾아야, 나중에 달릴 수 있다. 지금의 '현상 유지'는 앞으로 도약하기 위한 '출발선 정렬'이다. 이 단계를 충실히 지키면, 결국 내가 원하는 수준의 퍼포먼스, 결과물을 낼 수 있는 신체적, 정신적 기반이 생긴다. 믿고 따라오라.

4단계: 실행

나를 관찰한 결과를 토대로 계획을 세웠다면, 이제 무슨 수를 쓰더라도 그 계획을 지키려 최선을 다해야 한다. 나의 계획을 내 인생의 최우선 순위로 올려놓는 것, 그것이 이번 단계의 목표다. 가족, 친구, 연인, SNS, 넷플릭스, 갑작스러운 외출 제안 등 나의 계획을 흔드는 유혹은 생각보다 자주 찾아온다. 게으름과 졸음, 반복해 온 무기력함, 그리고 만성적인 불안이나 우울 역시 여전히 나를 방해할 수 있다. 하지만 중요한 건 그 모든 유혹과 감정 앞에서 쉽게 물러서지 않는 태도다. 무슨 일이 있어도, 이 한 주만큼은 이를 악물고, 기어이 나와의 약속을 내 삶의 제일 위에 올려두자.

만약 그날 해야 할 일을 미뤘다면? 밤을 새워서라도 한번 해 보자. 무리하라는 말이 아니다. 내가 나를 진지하게 대하는 태도를 뇌와 몸에게 강하게 인식시켜야 한다는 뜻이다. 이런 태도는 결국 자신에 대한 신뢰를 회복하는 강력한 신호가 된다.

여기서 매우 중요한 것이 하나 있다. 이 실행의 과정을 세세하게 기록해야 한다는 점이다. 일을 미루게 되었을 때, 구체적으로 무엇을 했는가? 그 행동은 즐거웠는가, 아니면 불편했는가? (괜히 죄책감 때문에 재미있었는데, 재미없었다고 적지 말자. 정말 재미있었다면 "진짜 재미있었다"라고 솔직하게 적는 게 중요하다.) 미뤘던 일을 처리하느라 밤을 새웠을 때는 어떤 마음이었는지. 미뤘던 일 수습하느라 밤새우자니 너무 피곤해서 그냥 에라 모르겠다, 하고 자버렸다면 그때의 상황과 감정 역시 메모장에 적어보자. 이런 감정과 상황에 대한 기록은 단순한 '일지'가 아니다. 이건 내가 나를 이해하는 지도가 된다. 이 지도를 바탕으로 다음 단계를 차근차근 설계할 수 있고, 그 과정에서 우리의 자신감은 자연스럽게 단단해진다.

이제 이 4단계를 반복하면 된다. 그럼 쉽게 무너지지 않는, 단단한 자신감이 당신의 것이 될 것이다. '그냥 반복만 하면 된다고요? 너무 허무한 거 아닌가요?' 아마 이렇게 생각할 수도 있다. 그래서 다음은, 이 방법에 대해 물을 만한 가상의 질문들에 대해 하나씩 답해 보려 한다.

5가지 질문으로 보는
자신감을 지키는 기술

질문 1 | "계획을 다 못 지키면 어떻게 되나요?"

실패는 정보다. 다음 계획의 설계도일 뿐.

실행 과정에서는 언제든 변수가 생길 수 있다. 만약 예상치 못한 상황 때문에 계획을 지키지 못했다면, 다음 주 계획을 세울 때는 과감하게 할 일의 양을 줄여야 한다. 그리고 실행 변수가 생긴 바로 그날, 내게 무슨 일이 있었는지, 감정 상태는 어땠는지를 구체적으로 기록하고 면밀히 들여다봐야 한다.

예를 들어 "오후 3시쯤 공부에 집중하려 했지만, 갑자기 불안하다는 감정이 몰려와 유튜브를 보며 시간을 보냈다"라는 식으로 감정을 정확히 짚어내야 한다. 이렇게 해야 내가 어떤 상황과 감정에 특히 취약한지 알 수 있다. 덧붙이자면, 그날 계획을 지키지 못한 자신에게 "하던 것도 제대로 못하냐"라고 비난해서는 안 된다. 앞서도 말했듯이, 관찰의 목적은 평가가 아니라 이해다. 지금의 나에 대한 이해도를 최대한 높이고, 그에 따라 현실적으로 수행 가능한 계획을 세우는 능력을 키우는 것. 이것이 우리가 궁극적으로 도달하려는 변화의 시작이다.

질문 2 | "작은 계획과 느린 실행은 현상 유지 혹은 후퇴 아닌가요?"

계속 나아가는 가장 확실한 방법은 멈추지 않는 것이다.

의문이 들 수도 있다. '이런 식이면 앞으로 나아가지 못하는 거 아니냐, 뭔 계획이 이렇냐.' 하지만 우리는 지금 자신감, 즉 자기에 대한 신뢰를 되찾는 과정에 있다. 앞서 제시한 4단계 과정(관찰→파악→계획→실행)을 통해 우리는 나의 상태를 살피는 행위를 아주 효과적으로 훈련하고 있다. 예를 들어, 과거의 나는 일을 미뤘을 때 "나는 왜 이 모양일까?"라고 자책하며 자기혐오에 빠졌지만, 지금의 나는 "오늘은 이런 감정 상태에서 이런 행동을 하게 되었구나" 하고 이해하며 대응하려고 노력한다. 이 과정에서 우리는 자신을 쉽게 비난하지 않고, 도우려는 태도로 바라보게 된다. 또 자신의 상태를 고려해 계획을 세우고, 자신과의 약속을 삶의 가장 높은 우선순위에 둔다. 실행력이 낮을 때도 포기하지 않고 조정하며, 어떻게든 자신을 리드하려 애쓰는 태도를 키우게 된다. 그 결과 우리는 우리에게 진짜로 '맞는' 작은 성공이 무엇인지 알게 되고, 그 경험이 쌓이며 자신감이라는 구조가 바닥부터 단단히 세워지게 된다. 자신감은 '무조건 잘하는 상태'가 아니라, '무너졌을 때 나를 어떻게 다루는가'에서 비롯된다. 이 방식은 느려 보여도, 실제로는 가장 빠르고 안전한 성장의 길이다.

질문 3 | "이번 주 계획을 100% 다 지켰어요. 다음 주 계획은 어떻게 세우면 되나요?"

확장하고 싶다면, 감정이 먼저 말하게 하라.

1주일 동안 계획을 완벽하게 지켰다면 그 자체로 큰 성취다. 우선 그런 나 자신을 칭찬하면서 작은 보상을 해주자. 맛있는 걸 먹거나, 참았던 일을 하면서 나에게 물어보자. '흠… 다음 주에 해야 할 일을 조금 늘려볼까?' 하기 싫거나 어려울 거 같다면 절대 늘리지 마라. 지금 해내고 있는 루틴을 안정적으로 유지하는 것 자체도 충분히 의미 있는 진전이다. 하지만 만약

'해볼까?' 하는 마음이 조금이라도 든다면, '해보고 싶긴 한데 해봐도 되려나?' 하는 의심이 들 때도 도전해 보는 걸 적극 추천한다.

조금 늘려봤는데 세운 계획을 다 지키지 못하면 어쩌냐고? 뭐가 문제인가. 새로운 관찰 결과를 얻었으니 그를 반영해 수행 가능한 계획을 짜면 될 일이다. 그 실패는 퇴보가 아니라, '내가 어떤 강도에서 흔들리는지를 파악한 귀중한 데이터'이다. 우리는 지금 단순히 계획을 세우는 게 아니라, 아주 유능한 라이프 컨설턴트가 되는 훈련을 하고 있다. 그 대상은 바로 '나 자신'이다. 나를 존중하고 아껴주는 사람은 신뢰하지 않을 수 없고, 우리는 신뢰하는 사람에게 쉽게 실망을 안기고 싶어 하지 않는다. 그러니 나 자신이 가장 신뢰하고 싶은 사람이 되어주자. 그 신뢰는 조급함보다 훨씬 강한 추진력을 만들어줄 것이다.

질문 4 | "너무 우울해서 계획을 못 지키고 있어요. 어떡하죠?"

감정은 불규칙적이지만, 계획은 규칙적인 루틴으로 지키자.

감정 기복은 불가항력적인 상황처럼 보인다. 그럼에도 계획은 최선을 다해 지켜야 한다. 스스로를 잘 살피라더니, 이 무슨 앞뒤 안 맞는 말인가? 모순처럼 느껴질 수도 있다. 하지만 실제로는 그렇지 않다. 우리는 계획을 세우고 최선을 다해 지키는 태도를 통해, 자신을 존중하는 방법을 배우게 된다. 감정은 본래 매우 불규칙적이고 예측 불가능하게 몰려온다. 때때로 하루 전체의 컨디션을 좌지우지할 만큼 큰 영향을 미치지만, 그렇다고 해서 감정이 우리의 인생을 지배하도록 허용해서는 안 된다. 감정 때문에 계획이 계속해서 무너진다면 당연하게도 우리는 자신을 신뢰하기 어려워진다.

만약 당신이 한 주 동안 '하루 20분 걷기'를 계획해 두었는데, 셋째 날 아침에 알 수 없는 무기력함이 몰려와 아무것도 하기 싫을 때, '아, 오늘은 걸을 기분이 아니니까 내일 두 배로 걸어야지'라고 미루기보다, 그저 일어나 가볍게 5분이라도 신발을 신고 집 앞을 걷는 태도를 스스로에게 보여주는 것이 중요하다. 그 5분이 주는 상징적 의미는 크다.

"나는 나의 감정 상태와 무관하게, 나 자신을 돌보는 태도를 끝까지 유지하는 사람이야."

이런 메시지를 나의 무의식에 전달해 주는 행동이기 때문이다. 그러니 감정은 감정으로 두고 느끼되, 계획은 어떻게든 지켜야 하고 그 태도를 스스로에게 보여줘야 한다.

최선을 다했음에도 계획을 지키지 못했다면, 결과와는 별개로, 그 '과정' 자체가 몸과 뇌에 매우 유의미한 신호로 남는다. 스스로를 '실패한 사람'이 아니라 '성실히 노력한 사람'으로 인식하게 되기 때문이다. 계획을 지키기 위해 끝까지 최선을 다

한 태도는 자기 자신을 존중하는 행동이며, 이런 모습은 무의식에 긍정적인 인상을 남긴다. 그래서 비록 결과가 기대에 못 미쳤더라도, 내 무의식은 배신감이나 좌절감을 크게 느끼지 않는다.

그래서 실행 과정에서도 관찰이 중요한 것이다. 계획을 수행하면서 마주하는 상황과 감정을 계속해서 기록하라고 강조한 이유도 사실은 그 안에 감정을 다루는 행동 계획까지 포함해야 하기 때문이다. 특히 심한 우울감과 불안의 대표적인 증세 중 하나가 바로 실행력 저하다. 이 경우, 단순한 의지의 문제가 아니라 뇌 기능과 신경전달물질의 작동 이상으로 인해 무기력과 무의미감이 실제 행동을 마비시키는 원인이 되기도 한다. 그 결과 해야 할 일을 분명히 알고 있음에도 전혀 하지 못하는 굴레에 빠지고, 그로 인해 자책과 자기혐오를 반복하게 된다. 이 악순환은 매우 흔한 심리적 패턴이며, 의지력만으로 벗어나기 어렵다. 만약 스스로를 관찰하며 운동, 인지치료, 루틴 설정 등 다양한 방법을 꾸준히 시도해 보았음에도 유의미한 변화를 전혀 느끼지 못했다면, 조심스럽게 정신과 전문의와 상담해 볼 필요가 있다. 외부 상황이나 타인을 탓하지 않고 스스로에게서 문제를 찾고 개선해 나가려는 태도는 많은 상황에서 강점으로 작용한다. 하지만 모든 상황에서 그 태도가 통하는 건 아님을 깨닫고, 적절한 도움을 통해 자학을 멈출 필요가 있다. 도움을 요청하는 것은 자기관리의 실패가 아니라, 성숙한 전략이다.

'나'라는 존재는 목표를 위해 극한까지 몰아붙여도 괜찮은 소모성 자원이 아니다. 당신도 이미 그것을 알고 있지 않은가.

질문 5 │ "할 일이 갑자기 늘어났어요. 어떻게 하죠?"

거절은 나의 시간을 지키는 중요한 의사결정법이다.

거절하라. 직감을 키우고 나와 연결된다는 것은, 내가 무엇에 예스(yes)라고 말하고 싶은지를 아는 일이다. 하지만 어떤 일에 예스라고 말했다면 다른 일에는 필연적으로 노(no)라고 말해야 한다. 하루의 시간과 에너지는 제한되어 있고, 이 제한된 자원을 어떻게 배분하느냐가 삶의 질을 좌우한다. 그러니 웬만하면 내가 거절할 수 있는 일은 분명하게 거절하는 것이 좋다. 특히 거절을 어려워하는 사람일수록 더욱 거절해야 한다. 거절은 단순한 거부가 아니라, 나의 시간을 지키고 삶의 우선순위를 설정하는 중요한 의사결정 행위다. 단호한 거절은 연습이 필요하다. 거절은 무례한 것과는 다르다. 단호하지만 완곡하게 거절하는 방법에 대한 책과 영상을 참고하여 익혀야 한다. 연습하면 된다. 거절은 나를 존중하는 과정에서 꼭 필요한 스킬이며, 일단 한번 익히기 시작하면 내 일상을 근본적으로 바꾸는 힘이 된다.

하지만 거절을 충분히 고려하고 나름대로 조율했음에도 불구하고, 어쩔 수 없이 일을 늘려야 하는 상황이라면 어떻게 해야 할까? 그럴 때는 먼저 생각해 보자. 앞의 4단계—관찰, 파악, 계획, 실행—를 성실히 실천해 왔고, 그 과정에서 긍정적인 피드백을 충분히 쌓았다면, 지금의 우리는 생각보다 훨씬 탄탄해진 자신감과 실행력을 가진 상태일 수 있다. 탄탄해진 자신감은 때때로 놀라운 슈퍼파워처럼 작동한다. 예상보다 훨씬 많은 일을 침착하게 해내고, 주변에서 "어떻게 그걸 다 했어?"라는 말을 들을 정도로 몰입과 성취감을 동반한 고성능 상태를 경험하기도 한다.

문제는 그다음이다. 급격하게 늘어난 업무를 해내기 위해 우리가 감당한 과도한 스트레스는 신체적·정신적인 증상으로 드러날 것이다. 잠을 줄이면서 일에 매달렸더니 한동안 머리가 멍하고 아무것도 하고 싶지 않은 상태가 된다든가, 짧은 기간 안에 높은 성과를 내고 나서 소진(burnout) 증상이 찾아온다든가, 혹은 끝낸 직후엔 기뻤지만, 지친 나머지 아무것도 손에 안 잡히는 날이 며칠 계속된다든가 하는 식이다. 이 경우, 다시 나 자신을 관찰해야 한다. 몸이 보내는 신호를 무시하지 말고, 그에 맞춰 회복의 시간을 계획에 포함시켜야 한다. 무사히 일을 끝낸 다음 '회복 주간'을 설정해서 계획의 70%만 채우고 30%는 휴식과 회복에 투자한다든가, 퇴근 후 혼자만의 산책 시간, 마사지 예약, 카페에서의 독서 같은 소소하지만 분명한 보상을 자신에게 제공하는 것이다. 스스로를 실망시키지 않기 위해 애쓴 내게 "수고했어"라고 말하며 토닥이는 태도는 자기 신뢰감을 더욱 깊이 강화하는 중요한 요소다. 내가 진짜 향상시키고 목숨처럼 지켜야 할 것은 탁월한 생산성이 아니다. 내가 끝까지 지켜야 하는 건, '나를 향한 신뢰'다.

2

click_click

더블 클릭 실행하기

변수: 든든한 동업자

성공한 사람들의 단 한 가지 공통점

어느 분야에서든 성공한 사람들이 흔히 하는 말이 있다.

"저도 할 수 있었으니, 여러분도 할 수 있어요!"

자신도 해냈으니 '당신'도 할 수 있을 거라는 말, 나는 늘 그 말에 거리감을 느꼈다. 성공 스토리로 누군가를 접한 경우에는 그 사람의 단면적 상황과 조건만을 알게 될 뿐, 그 사람이 정말 누구인지는 알기 어렵다. 나와 당신이 얼마나 닮았을지 알지 못하는 상태에서, "나도 했으니 너도 할 수 있어!"라는 말은 논리적으로 전혀 와닿지 않았다. 불우한 환경과 불가항력의 조건을 극복한 자신처럼, 다른 사람도 할 수 있다고, 성공하길 바라는 마음은 정말 아름답다고 생각한다. 그 응원이 세상에 많이 퍼져서 긍정적 효과를 내길 기대하는 바람도 공감한다.

하지만 나는 애초에 환경이 좋다고 반드시 성공하고, 불리하다고 실패하는 건 아니라 생각해 왔기에 "당신도 할 수 있다"라는 저 말에 마음이 크게 움직이지는 않았다.

그럼에도 나는 여전히 타인의 성공 스토리를 좋아한다. 이유는 단 하나, 수많은 사람의 다양한 성공 사례 속에서 분명하게 드러나는 공통점이 있기 때문이다. 바로 '변수'이다.

클리프 러너(Cliff Lerner)의 《폭발 성장》이라는 책이 너무 재밌어서 앉은 자리에서 한 번에 다 읽어버린 적이 있다. 클리프 러너는 미국의 사업가이자 작가로 온라인 데이팅 서비스를 만들어서 큰돈을 벌었다. 많은 이들이 선망하는 월스트리트에서 한창 잘나가던 일을 그만두고, 자신이 원하는 길을 선택했다는 게 흥미로운 지점이었다. 그의 용기와 선택을 존중하지만, 성공하기 위해 그의 방식을 그대로 따라 해서는 안 될 터였다. 그가 안정된 직장을 그만두고 데이팅 앱 창업을 시작했다고 해서 나도 그럴 필요는 없으니까. 그런다고 나의 성공이 보장되는 것은 아닌 것만은 분명하니까. 성공 스토리를 방법론적으로 모방하기보다는, 그 안에 있는 더 본질적인 패턴, 맥락을 살펴보는 게 중요하다.

성공한 사람들은 말이 많다. 당연하다. 그들은 성공 노하우에 대한 질문을 수없이 받기 때문이다. "남들이 가지 않은 길을 가라, 배수의 진을 쳐라" 등등 각자의 빛나는 성공을 근거로 한 수많은 조언이 세상에 쏟아져 나온다. 우리를 더 혼란스럽게 만드는 것은 그들의 말이 다 다르다는 사실이다. 그래서 우리는 그들의 말을 액면 그대로 받아들이기보다, 그들의 행동 패턴에 집중할 필요가 있다. 저마다 다른 그들의 성공 로드에서 단 하나의 공통점은 그들이 '변수'의 입장을 허락했다는 사실이다. 인생은 예측하지 못한 수많은 변수의 향연장이다. 성공자들은 이 변수들을 거부하지 않고 자신의 인생을 변수가 뜯어먹고, 그곳에 새살이 돋아나도록 과감하게 던졌다.

클리프 러너는 온라인 데이팅 앱을 만들어 창업에 나서지만, 실패의 연속이었다. 투자는 끊기고, 유저는 빠져나가고, 매서운 경쟁자들이 계속해서 등장했다. 하지만 그는 끝까지 변수를 허용하는 사람이었다. 그는 아무리 바보 같은 아이디어라도 가볍고 빠르게 실행하는 태도를 취했다. 목표로 향하는 길에서 발생하는 변수를 두 팔 벌려 반기고 마중까지 나간 거다. 그중 하나를 예시로 들면, 어느 날 소개팅 앱을 관리하던 직원이 하나의 기능을 몰래 만들어 개인적으로 사용했다. 바로 외모가 뛰어난 이용자의 프로필만 모아서 볼 수 있는 기능이었다. 클리프 러너는 해당 직원을 나무라는 대신 그 기능을 '핫티(Hottie)'라는 이름의 새로운 기능으로 출시해 버렸다. 이 기능 덕에 수백만 달러의 매출을 올렸다고 한다. 그는 애초 계획해서 만든 모델을 끊임없이 해체하고 다시 조립했다. 그 과정에서 자신도 예측하지 못했던 방식으로 데이팅 앱은 변화했고, 폭발적인 성장을 이뤄냈다. 이 흐름을 보면서 나는 깨달았다. 성공은 변수를 피해 도달하는 곳이 아니라, 변수에 몸을 던져야만 도달할 수 있는 곳에 있음을.

사람은 실패와 불안이 쌓이고, 책임이 늘고, 몸과 마음이 지치기 시작하면 본능적으로 변수를 회피하려 한다. 익숙한 길, 안전한 루틴, 통제 가능한 방식을 선호하게 된다. 하지만 진짜 성장은 그 반대 방향에 있다. 내가 통제할 수 없는 상황, 예측할 수 없는 결과, 감당하기 두려운 우연 속에서 일어난다. 내가 만난 성공자들은 두려움 속에서 스스로를 변수에 던진 이들이었다.

우리가 무언가를 이루고자 한다면, 변수에 모든 것을 던질 각오를 해야 한다. 내 인생이 뜯기고, 흔들리고, 재조립되는 걸 허락해야 한다. 그 자리에서 비로소 내가 예측하지 못했던 '나'를 마주하게 된다.

변수에 물어뜯긴 사람은 정말 많다. 확신하건대, 당신이 '성공한' 누군가를 떠올렸다면, 그는 분명 변수에 자기 인생을 던져버린 사람일 것이다. 전 세계 여행의 패러다임을 바꾼 숙박 공유 플랫폼 '에어비앤비'의 공동 창립자 브라이언 체스키(Brian Chesky)도 그들 중 한 명이다. 그는 실리콘밸리에서는 드문 디자이너 출신의 창업자이다. 처음 작은 회사에서 디자이너로 일했던 그가 옛 시절을 회고하며 이렇게 말했다.

"그 회사도 마음에 들었지만, 어느 날 나와 기업가의 차이점

DOUBLE CLICK

If you truly wish to achieve something, be ready to throw yourself into the variables to let your life be torn apart, shaken, and rebuilt.

무언가를 이루고자 한다면,
변수에 모든 것을 던질 각오를 해야 한다.
내 인생이 뜯기고, 흔들리고, 재조립되는 걸 허락해야 한다.

은 무엇일까 궁금한 생각이 들었죠. 그들은 기업가가 되기로 선택했고, 나는 그렇지 않았다는 점이 유일한 차이점이라는 걸 알았습니다."

그러고는 이렇게 덧붙였다.

"My life felt like I was in a car, and the road in front of me looked exactly like the road behind me. 그때 내 인생은 마치 자동차에 갇혀 달리는 듯했죠. 앞으로 이어지는 길도, 이미 지나온 길도 똑같아 보였으니까요."

그는 자신의 삶이 어제와 오늘, 내일이 구분되지 않는 단조로움 속에 갇혀 있다고 느꼈던 것이다. 여기서 헷갈리지 말아야 할 것은, 별일 없는 하루가 무가치한 게 아니다. 안정과 편안함은 인생의 소중한 가치이다. 하지만 그는 변화를 원했다. 앞뒤가 똑같은 고속도로 같은 일상에 염증을 느끼던 그는 어느 날 소포를 받는다. 그 안에는 엉덩이 모양에 손잡이가 달린, 다소 이상한 형태의 쿠션이 들어 있었다. 이 쿠션은 '번스(Burns)'라는 이름의 제품이었고, 대학 친구가 창업한 회사의 샘플이었다. 친구는 말했다.

"샌프란시스코로 와!"

브라이언은 곧바로 자동차에 짐을 싣고 시동을 걸었다. 샌프란시스코에 도착한 뒤 그의 통장 잔고가 120만 원에 불과하다는 걸 알게 된 친구가 말했다.

"브라이언, 여기 월세가 140만 원이야."

농담처럼 던진 그 말에는 앞으로 각오하라는 격려의 뜻이 담겨 있었다. 그 친구가 바로 브라이언과 함께 에어비앤비를 창업한 조 게비아(Joe Gebbia)였다. 브라이언은 훗날, 그 제안이 마치 '모험으로의 부름' 같았다고 회상하며 말했다.

"You know, like there might be a few times in your life where you make a decision, and everything about your life changes after that decision. 알다시피, 인생에는 몇 번의 중요한 결정이 있습니다. 그 결정을 내린 후 모든 것이 바뀌는 순간들이요."

친구의 제안을 받아들인 순간, 브라이언 체스키는 자신의 인생을 그대로 변수에 던져버린 셈이다. 예상대로 그는, 아니 예상보다 훨씬 더 복잡하고 거친 우여곡절을 겪었다. 수많은 투자자에게 무시당하고 거절당하며 자금난에 시달렸다. 그런데 이 자금난에서 그들은 놀라운 기회를 만나게 된다. 당시 2008년 미국에서는 버락 오바마와 존 매케인을 후보로 둔 아주 뜨거운 열기의 대선이 진행되고 있었다. 브라이언 체스키와 조 게비아는 미국 대통령 선거의 열기를 기회로 삼아, 두 명의 후보를 테마로 한 시리얼 박스를 제작했다. '오바마 오즈

(Obama O's)'와 '캡틴 메케인(Cap'n McCain's)'이라는 이름으로 제작된 한정판 시리얼은 각 대선 후보의 특징을 담은 재치 있는 기획으로 많은 사람들의 주목을 받았고, 총 1천 개의 한정판 시리얼을 판매하면서 약 3만 달러의 자금을 마련했다. 단순히 자금 확보를 넘어서 이 기발하고 재치 있는 방식은 미국 최대의 스타트업 액셀러레이터 기업인 와이컴비네이터(Y Combinator)의 눈에 띄었고, 결정적인 도약의 계기가 되었다. 돈보다 창의성이 먼저 주목받았고, 그 창의성은 결국 투자로 이어진 것이다. 투자자는 창업자 둘을 만나는 자리에서 이렇게 말했다.

"We want cockroaches, and you are cockroaches, you will not die. You're selling cereal boxes for God's sake. 우리는 바퀴벌레들을 원해. 그리고 너희가 그 바퀴벌레들이야. 절대 죽지 않지. 시리얼 박스까지 팔고 있는데 죽을 리가 있나."

에어비앤비는 투자자의 그 말처럼, 매번 닥쳐온 변수들을 감당하고 돌파하면서 결국 세계적인 기업으로 성장했다.

인생에서 진짜 변화, 예상치 못한 확장과 성장을 경험하고 싶다면, 우리는 내 삶이 변수에게 물어뜯길 각오부터 해야 한다. 성공은 정교한 계획이 아니라, 예측 불가능한 변수와 손잡을 때 비로소 시작되기 때문이다.

변수는 우연을 필연으로 만든다

하지만 변수가 언제나 성공에서만 발견되는 것은 아니다. 성공의 과정에서 변수가 결정적 역할을 한다면, 실패의 과정에도 예외 없이 변수가 존재한다. 변수가 불행으로 작용해 도전을 좌절시키고 인생의 커다란 위협이 될 수도 있다. 그렇다면 우리는 이 예측할 수 없는 변수가 불행으로 다가올 때까지 잠자코 있어야만 할까.

자, 다시 생각해 보자. 변수는 반드시 일어난다. 삶은 우리의 계획대로 흐르지 않는다는 사실은 변하지 않는 진실이다. 인생의 모든 일을 통제하려는 시도 역시 결국 무력해질 수밖에 없다. 그렇다면 수동적으로 변수를 기다리는 대신 능동적으로 맞이할 준비를 하는 것은 어떤가.

그 시작은 인생을 통제하겠다는 욕구를 내려놓는 데 있다. 우리의 인생 설계도에 변수의 공간을 허용하는 것이다. 변수들이 나의 계획에 긍정적인 영향력을 행사하도록 이용하는 것, 결과적으로 변수들이 나를 위해 일하도록 하는 것이다. 통제 욕구를 내려놓고 변수를 받아들일 때, 나의 계획이 예상치 못한 방향으로 흘러갈 가능성을 최대한으로 가질 수 있다.

이제, 변수의 놀라운 활약상을 한번 살펴보자.

1989년 11월 9일, 독일의 베를린장벽이 무너졌다. 이 과정에서 '변수'의 놀라운 활약이 있었다. 어이가 없을 정도로 뜻밖이면서도 '결정적 순간'이 작동한 결과였다. 1945년 제2차 세계대전 이후 독일은 남부, 북서부, 남서부, 동부 등 네 지역으로 나뉘었다. 이어 1949년에는 본을 임시 수도로 한 서독과 동베를린을 수도로 한 동독, 두 개의 국가로 갈라졌다. 서독은 미국, 영국, 프랑스 등 서방국가들과 밀접한 관계를 맺었고, 동독은 소련의 영향 아래 놓였다.

그 뒤 독일은 약 40년간 분단 상태를 유지했으며 그 중심에 베를린장벽이 있었다. 서독은 1950년대 '라인강의 기적'이라 불리는 경제성장을 이뤄 유럽에서 영향력 있는 국가로 자리 잡았지만, 동독은 정반대였다. 경제성장률이 낮았고 국민은 철저한 감시 속에 살아야 했다. 동서독 주민 간의 삶의 격차가 점점 벌어지자, 견디다 못한 동독인들이 탈출하기 시작했다. 약

10년간 무려 270만 명에 달하는 동독 주민이 서독으로 이주했
다. 동독 정부는 이탈을 막기 위해 베를린장벽을 세워 탈출을
차단했다. 장벽에 가로막혀 수많은 가족이 생이별하는 상황 속
에서도 탈출은 멈추지 않았고, 많은 사람이 목숨을 잃었다. 같
은 민족이 장벽 하나로 갈라진 비극은 쉽게 끝날 기미가 보이
지 않았다.

변수의 활약은 여기서부터다. 1989년 동독 전역에서 대규모
반정부 시위가 이어지는 가운데, 동독 정부는 기자회견을 열었
다. 겉보기에는 정부의 '여행 완화 조치'를 설명하는 자리였지
만, 사실은 시위대를 달래기 위한 형식적 대응에 불과했다. 문
제는 정부 대변인으로 나선 귄터 샤보프스키가 여행 완화 정
책 내용에 대해 제대로 숙지하지 못했다는 것. 기자들의 질문
에 우물거리며 답하지 못하자, 이탈리아 특파원 에르만이 도발
하듯 물었다.

"동독인이 서독으로 30일간 여행을 갈 수 있게 하는 거, 실
수하는 거 아닙니까?"

당황한 샤보프스키는 바로 답하지 못하고 서류를 뒤적거리
며 관련 조항을 찾으려 했다. 그러자 각 나라에서 온 기자들이
질문을 쏟아냈다.

"여권은 필요 없는 건가요?"

"여행 자유화는 언제부터 시행되는 건가요?"

집요한 질문에 샤보프스키는 실수로 사실과 다른 말을 내뱉

었다.

"내가 알기로는… 지금 즉시요."

그 말은 곧장 방송을 타고 전파되었고, 수많은 시민이 거리로 쏟아져 나왔다. 기자들은 "베를린장벽이 무너졌다"라는 제목의 기사를 썼다. 사실 모든 언론이 이 사실을 특종으로 보도하지는 않았다. 여행 완화 조치가 동독 정부의 꼼수에 불과하다는 것을 아는 언론들은 기자회견에 그다지 주목하지 않았다. 그럼에도 불구하고 몇몇 기자들이 보도한 베를린장벽 붕괴 소식은, 사실상 거짓 뉴스였음에도, 빠르게 전 세계로 퍼져나갔다.

혼란은 계속되었다. 엄청난 인파가 베를린장벽으로 모여들자, 검문소를 지키던 하랄드 예거 중령은 상관인 상사에게 30여 차례 전화를 걸어 다음 지시를 내려달라고 요청했다. 하지만 상황 파악을 제대로 하지 못한 상사는 국무부 장관을 바꿔주었고, 장관 역시 분명한 답을 주지 않고는 오히려 중령의 속을 긁는 말을 해버린다. "상황을 판단할 위치도 아니면서 왜 이렇게 재촉을 하냐"라는 어조였다. 화가 난 예거 중령은 부하에게 명령했다.

"장벽을 열어라."

마침내 장벽은 무너졌다. 수십 년간 독일인들을 눈물로 지새우게 한, 영원히 서 있을 것만 같던 장벽은 그렇게 한순간에 사라졌다. 정치적 전략도, 치밀한 계획도 아니었다. 정부 대변인의 말실수, 기자들의 돌발 질문, 느린 보고 체계, 그리고 한 사람의 즉흥적 판단. 누군가가 계획적으로 만들어내려 했다면 도저히 일어나기 힘들었을 일이, 실수와 우연이라는 '변수' 덕분에 현실이 된 것이다.

이처럼 변수는 삶에 예상치 못한 방식으로, 때로는 어이없고 충격적으로, 때로는 도발적으로 등장한다. 그리고 존재감을 확실히 드러낸다. 그 결과는 누군가에게는 비극이고, 누군가에게는 희극일 수 있다. 하지만 그 의미를 판단하기에 앞서 우리가 먼저 자각해야 할 것이 있다. 변수는 통제의 대상이 아니라는 점이다. 통제하려 들수록 힘들어지는 건 결국 나 자신이다.

그러니 변수에 문을 열자. 내 뜻대로 되지 않는 일들 속에도, 내가 상상조차 하지 못한 방식으로 내가 바라는 무언가가 찾아올 수 있다는 것을 믿자. 변수는 때때로, 우리가 상상한 것보다 훨씬 더 멋진 방식으로 일을 해결해 주기도 하니까.

계획을 세우는 사이 기회는 지나간다

실행을 가로막는 가장 큰 장애물은 아이러니하게도 '완벽한 계획'이다. 완벽한 계획은 통제에 대한 욕망에서 비롯된다. 계획은 미래의 불확실성을 줄여주는 유일한 도구로, 변수를 두려워할수록 통제 욕구는 커진다. 나의 계획대로 상황이 흘러가기를 바라는 통제 욕구가 커질수록 완벽한 계획에 대한 집착이 심해진다.

변수에 대한 두려움 증가 → 통제 욕구 증가 → 완벽한 계획에 대한 집착 증가

하지만 분명하게 말할 수 있다. 완벽한 계획은 애초에 세울 수 없고, 더 정확하게는 세울 필요도 없다. 계획이란 말 속에 포함된 '도전'의 의미를 생각해 보자. 도전은 내가 잘 모르고, 해보지 않았던 일을 시도하는 것이다. 과연 우리가 '처음 해보는 일'을 완벽하게 계획한다는 게 가능한가? 현실은 늘 상상보다 더 복잡하고 역동적으로 전개된다. 충분한 경험이 없는 상태에서 모든 변수를 계산해 완벽한 계획을 세운다는 건 가능하지도 않고, 비효율적이다. 완벽한 계획을 짜느라 많은 시간을 들이는 건 가성비가 떨어진다. 가성비가 떨어진다는 말이 무슨 말일까?

'완벽한 계획'의 맹점을 잘 보여주는 사례가 바로 '마시멜로 챌린지'다. 실험 과제는 4인 1조로 구성된 팀이 스파게티 면, 테이프, 끈을 이용해 탑을 세우고, 꼭대기에 마시멜로 하나를 올리는 것이다. 규칙은 쉽다. 면을 잘라도 되고 테이프와 끈을 원하는 크기로 조각내 사용해도 된다. 재료도 원하는 만큼 사용할 수 있다. 다만 세 가지 조건은 꼭 지켜야 한다.

1. 마시멜로를 조각내서는 안 된다. 온전한 모양 그대로를 구조물 가장 위에 올릴 것.
2. 가장 높게 탑을 세운 팀이 승리한다.
3. 챌린지 시간은 18분이다. 제한 시간이 되면 즉시 중단, 시간을 넘기면 실격이다.

챌린지는 다양한 연령과 배경을 가진 사람들을 대상으로 진행됐다. 건축가, CEO와 비서, 유치원생, 경영대학원(MBA) 학생, 변호사 등. TED에서 이 실험을 소개한 톰 우젝(Tom Wujec)에 따르면, 가장 실패를 많이 한 그룹은 MBA 학생들이었다. 학생들은 챌린지가 시작되자마자 먼저 주도권을 놓고 신경전을 벌였다. 프로젝트를 누가 리드할 것인지 정리하는 게 그들에게는 중요했다. 그다음에는 가장 효과적인 쌓기 방법을 찾는 데 시간을 할애했다. 작업을 세분화하여 역할을 나누고는, 재료인 스파게티와 끈, 테이프의 사용 방식을 계획했다. 최대한 탑을 높게 쌓은 다음에 마시멜로를 올리겠다는 계산이었다. 문제는 여기서 터졌다. 탑의 구조가 마시멜로의 무게를 견딜 수 있는지 미처 파악하지 못하고, 마지막 한 수처럼 마시멜로를 올려놓으려 했기 때문에(그들의 '완벽한 계획'대로라면 탑은 서 있어야 하지만), 탑은 무너지고 말았다. 그 순간 그들에게는 시간이 더 이상 남아 있지 않았다.

여기서 질문을 하나 던질 수 있다. 이 프로젝트의 완성은 탑 꼭대기에 마시멜로를 안전하게 올려두는 것임에도 불구하고 왜 MBA 학생들은 종료 직전까지 마시멜로를 한 번도 올려보지 않은 것일까. 이들의 챌린지 실행 과정은 합리적으로 보인다. 리더를 정하고 각자의 역량에 맞게 탑의 재료와 구조 분석에 집중하는 등. 그러나 그들의 문제는 오히려 '완벽한 계획'에 있었다. "완벽한 계획이 완벽한 성공을 가져오리라", "실패하지 않고 단번에 끝내겠다"라는 믿음이 너무 컸던 나머지 실행 과정에서의 변수를 전혀 고려하지 않은 것이다. 계획에 많은 시간을 할애한 MBA 학생들은 실험에 참가한 다른 그룹의 평균인 $60cm$에 훨씬 미치지 못하는 $30cm$ 높이의 탑을 세우는 것으로 끝났다.

앞에서 완벽한 계획을 세우는 데 많은 시간을 쓰는 건 가성비가 떨어진다고 했다. 이유는 직접 해봐야 알 수 있는 것들이 세상엔 너무 많기 때문이다. 머릿속 계산과 상상만으로는 결코 모든 변수를 예측할 수 없다. 예컨대 내가 어떤 음식을 좋아하는지는 먹어봐야 알 수 있고, 어떤 일이 나에게 맞는지도 실제로 해봐야 감이 온다. 경험을 통해야만 비로소 판단이 가능하다는 뜻이다. 경험해 보면, 좋든 나쁘든 반드시 어떤 결과로 이어진다. 중요한 건 그 결과를 마주할 '용기'이지, 애초에 완벽한 계획을 세우려는 '집착'이 아니다. 오히려 계획에 집착할수록 '이 계획은 꼭 성공해야 해'라는 압박이 생기고, 실패에 대한 두려움만 더 커진다.

언젠가 새로 문을 연 냉면집에 가보기로 마음먹은 일이 있다. 집에서 냉면집까지 거리가 꽤 된 데다, 이왕 나선다면 중간에 다른 일도 겸사겸사 보려고 했다. 날씨도 더워서 동선을 최적화히여 계획을 세우다 보니 여러 변수를 통제하려 드는 나를 발견했다. 이것저것 따지느라 생각이 끝없이 길어지면서 결정이 늦어졌다. 그러다 문득, 이대로는 아무 데도 못 가겠구나 싶었다. 그래서 그냥 밖으로 나가 걷기 시작했다. 고민하느라 머리 싸매는 시간에 우선 가는 게 좋겠다고 판단했기 때문이다. 결과적으로 '가성비' 좋은 선택이었다. 맛있는 냉면도 먹었고 볼일도 봤다. 아마도 집을 나서지 않았다면 그날은 집 안에서 시간을 죽이고 있지 않았을까.

마시멜로 챌린지에서 중요한 건, 탑을 먼저 쌓고 마시멜로를 계속 올려보며 구조를 확인하는 '실행의 반복'이다. 우리도 마찬가지다. 완벽한 계획과 전략을 세운다는 명분으로, 계획을 잘 세우는 게 '시간을 아끼는 일'이라고 착각하며, 실행을 미루는 사이 정작 중요한 타이밍은 지나가고 만다. 계획은 최소한으로, 실행은 빠르게! 그래야 변수도 내 편이 된다. 완벽한 계획을 위한 지나친 준비는 가장 비경제적인 선택이 될 수 있음을 기억하자.

DOUBLE CLICK

Open the door to uncertainty. Believe that even in what doesn't go your way, something you long for might still find you.

변수에 문을 열자. 내 뜻대로 되지 않는 일들 속에도,
내가 상상조차 하지 못한 방식으로
내가 바라는 무언가가 찾아올 수 있다는 것을 믿자.

실행에 가장 큰 장애물은 '완벽한 계획'

그럼에도 불구하고, 여전히 완벽한 계획을 세우고 싶어 하는 사람들이 있다. 사람마다 성향이 다르기에, 계획이 있어야 마음이 놓이고 실행이 쉬워지는 이들이 있기 때문이다. 또한 '완벽한 계획'이라는 말은 마치 미래를 예언하는 것처럼 매혹적으로 들린다. 어쩌면 정말 완벽한 계획을 세우는 방법이 존재하는지도 모른다. 마시멜로 챌린지의 참가자들에게서 그 힌트를 찾을 수 있다.

마시멜로 챌린지 참가팀 가운데서 1위는 당연하게도 건축가였다. 놀라운 것은 2위 그룹이 바로 유치원을 막 졸업한 아이들이라는 점이다. 흥미롭지 않은가. 아이들은 CEO와 비서,

MBA 학생, 변호사 등 다른 성인 참가자보다 더 높고 안정적인, 어떤 면에서는 더 흥미로운 구조물을 만들어냈다. 그 비결은 두 가지다.

첫째, 아이들은 주도권 싸움을 하지 않았다. 누가 리더인지 따지지 않고, 자연스럽게 협력했다. 둘째, 형식적인 절차를 생략했다. 관계를 따지지도 않았다. 무엇보다 '완벽한 계획'을 세우기보다는 바로 탑을 쌓는 것을 반복했다. 처음에는 낮게 탑을 쌓아 마시멜로를 올려보고, 성공하면 다시 그 옆에서 좀더 높은 탑을 쌓았다. 어떤 구조에서 마시멜로가 안정적으로 올려지고, 위태롭고, 무너지는지 계속 실험하면서 탑의 높이를 높여갔다. 핵심은 계획보다 실행, 망설이지 않고 빠르게 행동으로 옮기고 수정하여 보완했다는 데 있다.

완벽해 '보이는' 계획을 세우는 게 목표라면, 마지막 순간까지 마시멜로를 탑 위에 올려두지 않는 것이 맞다. 마시멜로를 올릴 때마다 탑이 무너지는 실패를 마주해야 할지도 모르기 때문이다. 하지만 목표를 성취하는 훌륭한 계획을 세우고 싶다면, 과정 속 작은 실패들을 기꺼이 마주할 줄 알아야 한다. 완벽한 계획에는 맹점이 있다. 완벽함을 추구할수록 완벽함에 다다르지 못한다는 것이다.

아이들의 방식은 '완벽한 계획'을 새롭게 정의하게 만든다. 완벽함이란 변수와 실패가 두려워서 모든 걸 통제하는 게 아니다. 내 망상 속에만 존재하는 '완벽함'을 손에 쥐고자, 불안에 기인해 행동하는 것 역시 아니다. 변수와 실패를 환영하고 자리를 기꺼이 내어주는 것. 그 자리까지 포함해서 계획을 세우는 것. 그게 진짜 완벽한 계획을 세우는 유일한 방법이다. 아이들처럼 작은 실패를 반복하며 빠르게 배우고 수정하는 과정이야말로 진정한 완벽함에 가까워지는 방법이다.

변수는 끝끝내 당신 편이다

이제 우리는 알고 있다.

"세상에 '정답'은 존재하지 않는다."

이 문장을 시작점으로 우리는 다음의 문장 역시 발견했다.

"세상은 변수 덩어리다."

처음부터 정해진 건 아무것도 없다. 리처드 도킨스는 《이기적 유전자》에서 인간의 행동이 유전자에 의해 좌우된다고 말했지만, 그렇다고 해서 인생의 모든 궤적이 유전자 하나로 결정되지는 않는다. 유전자가 어떤 성향이나 가능성을 암시할 수는 있어도, 그것이 시대의 흐름이나 사회적 조건, 개인의 우연한 만남 같은 외부 변수까지 통제할 수는 없다.

예를 들어 내가 이 시대에 태어나, 수많은 직업 가운데 유튜버가 되고, 이렇게 글을 쓰고 있을 줄 누가 알았겠는가. 심지어 나는 글쓰기를 그리 좋아하지 않았는데, 어쩌다 보니 영상을 위해 대본을 쓰는 게 내 일이 되고, 책까지 쓰고 있다. 이는 단순히 어떤 유전자 때문이라기보다는, 내 삶의 수많은 변수가 얽히고설킨 결과다.

지금까지의 내 인생을 돌이켜보면, 곳곳에 변수가 자리를 잡고 있었다. 교과서에서 우연히 본 자료를 통해 특정 직업에 관심을 갖게 되고, 그러다 읽은 책이 너무 멋있고 재밌어서 그 저자와 동일한 대학과 전공으로 진학했다. 그저 남 일에 불과했던 해외 유학이 간절해졌고, 반대하는 부모님을 설득하기 위해 모르는 사람들 앞에서 ppt로 내 미래 계획에 대해 발표를 하기도 했다. 심심해서 고등학생 때부터 후배들을 가르치고, 과외 알바를 하며 누군가를 잘 가르치는 방법에 대한 노하우를 얻게 되었다. 책상에 앉아서 하는 영어 공부가 너무 싫어서 꾀를 쓰며 찾아냈던 공부법이 나의 '대표 콘텐츠'가 됐다. 그렇게 우연과 변수의 연속 끝에 나는 '알간지'라는 크리에이터가 되었다. 이런 깨달음과 성과들은 계획이 아닌 실행 속에서 우연히 얻은 변수의 선물이었다.

이처럼 우리는 모두 변수의 영향 아래 살아간다. 유전자가 아무리 탁월하고 환경이 아무리 유리해도, 예상하지 못한 사건 하나가 인생의 방향을 바꾸는 일은 흔하다. 부모님의 갑작스러운 이직, 친구와의 사소한 대화, 우연히 들른 공간에서의 강한 인상, 내가 원하던 회사의 불합격 통지서 하나가 인생의 퍼즐을 통째로 바꿔놓기도 한다.

그래서 변수는 무서운 것인지도 모른다. 내가 예상하지 못하는 모습으로 내 인생에 다가와 무슨 짓을 할지 모르니 말이다. 그리고 사람들이 진짜 두려워하는 건 변수 앞에서 내가 어떻게 행동할지 모른다는 불확실성이다. 나의 연약함을 스스로 잘 알기에, 그 순간이 두려운 것이다. 이 두려움 끝에 '변수'는 천하의 몹쓸 악당 혹은 내가 감히 거역할 수 없는 신 같은 존재가 된다. 하지만 여기서 한 가지 짚고 넘어가야 할 점이 있다. "변수는 내 편이 아닐 것이다"라는 전제 자체가 피해망상에 가까울 수 있다는 것이다.

당신이 어떤 상황에서 이 책을 읽고 있을지 몰라 조심스럽긴 하지만, 감히 말하고 싶다. 당신이 이 책을 읽고 있는 것만으로도 변수가 우리 인생에 아주 좋게 작용하고 있다는 증거라고. 보자, 이 책이 공짜는 아니었을 테고, 이 책을 사서 읽을 돈과 시간과 체력이 당신에게는 있다는 거 아닌가? 변수가 좋게 작용한 증거다. 친구나 지인 혹은 가족에게 선물 받아 책을 공짜로 읽고 있다고? 그럼, 당신을 위해 본인의 시간과 돈과 에너지를 쓰는 사람이 당신 곁에 있다는 거고, 이 역시 변수가 당신 인생에 아주 긍정적으로 작용하고 있다는 증거다.

도서관에서 읽었다고? 도서관에 갈 수 있는 시간적, 정신적,

체력적 여유가 있다는 것. 그리고 책을 무료로 제공하는 인프라가 갖춰진 도시와 국가에 산다는 것. 그 역시 변수가 인생에 아주 긍정적으로 작용하고 있다는 증거다. 혹시 내 책이 길에 버려져 있어서 그냥 주워서 읽었다고? 내 글이 책이 되기까지는 많은 사람의 시간과 돈, 에너지가 투자되었다. 그런데 이 책을 우연히 주워서 읽었다면, 정말 이건 부정할 수 없을 정도로 변수가 당신 인생에 아주 긍정적으로 작용하고 있다는 증거다.

이처럼 변수가 당신 인생에 아주 긍정적으로 작용하고 있다는 증거는 찾으려고 한다면 수억 가지도 찾을 수 있다. 물론 인생이 불행하다는 증거 또한 얼마든지 찾을 수 있다. 결국, 무엇을 어떻게 해석할지는 당신의 선택이다.

"변수가 내 편이다"라는 말이 낙관주의적 정신 승리처럼 들릴 수 있다. 변수를 내 편으로 해석하는 스킬을 '정신 승리'라는 단어로 격하하고 싶지는 않지만, 인생은 원래 정신 승리를 누가 얼마나 더 잘하냐의 게임이다. 유튜버라는 직업상 이런저런 의견과 반박을 굉장히 많이 듣다 보니, '현실적'이라는 이름 아래 회의적인 태도를 취하는 사람들이 이 정신 승리적 태도를 어떻게 바라볼지 잘 알고 있다. 그들의 해석 방식 역시 그들만의 선택이기에 굳이 그들에게 내 생각을 강요하고 싶지 않다. 나는 내가 믿는 말을 할 뿐이다. 어떤 의견에 더 귀를 기울이고, 인생을 어떤 태도로 대할지는 전적으로 당신에게 달려 있다. 그리고 나는 이렇게 믿는다. "변수는 당신의 편이다."

We waste time perfecting plans, only to watch the real timing slip away.

계획을 잘 세우는 게 '시간을 아끼는 일'이라고 착각하며,
실행을 미루는 사이
정작 중요한 타이밍은 지나가고 만다.

07

야크 쉐이빙: 과정을 신뢰할 것

길을 잃으면 야크 털을 깎자

원하는 곳에 다다르기 위해서 가장 필요한 것은 사실 '믿음'이다. 나는 종교가 없지만, 인생에서 '믿음'이 가장 큰 영향력을 행사한다고 생각한다. 사람마다 자신의 인생 여정에서 생성된 믿음은 다르다. '나는 잘될 거야'라고 믿는 이가 있다면 '나는 안 될 거야'라고 강하게 믿는 이도 역시 존재한다. '나는 운이 없어', '나는 운이 좋아' 등 많은 형태의 믿음이 있겠지만, 내가 원하는 곳에 도착하기 위해서는 다음과 같은 믿음이 꼭 필요하다.

"어디로 가든, 얼마나 헤매든, 나는 결국 원하는 곳에 도착할 거다."

내가 점찍은 목표치에 도달하기 위해 얼마만큼 헤맬지는 알 수 없다. 그럴 때면 나는 그냥 이렇게 생각한다. '내가 필요한 만큼 헤매는 거겠지.' 얼마만큼 헤맸든 결국에는 큰 그림을 완성하는 데 꼭 필요했던 단계이자 시간이라고 생각하는 거다. 이런 태도는 '야크 셰이빙(yak shaving)'이라는 독특한 표현을 통해 설명할 수 있다.

'야크 셰이빙', 이 표현을 처음 접한 건 회사에 다니면서, 결제 솔루션(Payment Gateway)에 대해 조사하던 중이었다. 결제 솔루션은 쉽게 말해, 인터넷에서 돈을 내고 물건을 구매할 수 있도록 만드는 서비스를 말한다. 돈과 관련된 일이므로, 결제 솔루션 업무는 굉장히 중요하고 그만큼 일의 난도가 높아서 엄청 스트레스를 받는다. 나 역시 너무 힘들고 스트레스를 받아 헬스장에서 러닝머신을 뛰다 눈물을 훔쳤던 기억이 난다.

결제 솔루션은 한국에서는 KG이니시스, 네이버페이, 카카오페이가 대표적이고, 미국에는 페이팔, 스트라이프가 있다. 우리가 주목할 것은 바로 '스트라이프'다. 스트라이프는 현재 미국에서 가장 주목받는 결제 솔루션으로, 전 세계 결제 솔루션 시장에서 점유율이 15%에 이른다. 쉽게 말해 아주 빠르게 성장 중이며 잘나가는 시스템이다. 스트라이프의 성공 비결은 엄청난 단순함에 있다.

온라인에서 물건을 구매하려면 종종 귀찮을 때가 있다. 바로 결제 과정 때문인데, 카드 번호를 입력하고 무언가 인증하고 계좌를 확인해야 하고… 소비자 입장에서 굉장히 불편하다. 개발자 입장에서도 여간 번거로운 게 아니다. 개발 단계를 세어 보니 최대 9단계를 거쳐야 하는 것도 있었다. 하지만 스트라이프는 이 과정을 혁신적으로 줄였다. 그냥 '복사-붙이기'만 하면 개발의 많은 단계가 끝나고, 소비자 역시 카드 번호만 입력하면 바로 결제가 끝났다. 그래서 나도 스트라이프를 결제 시스템으로 사용하고 싶었는데, 한국에서는 지원이 안 되어 통탄스러웠다. 하지만 소비자로서 그 가치를 경험해 보는 건 가능하니, 트위터(현재 X)나 노션(Notion), 아마존(Amazon) 같은 플랫폼에서 스트라이프 기반의 결제를 시도해 보면 된다. '이렇게 바로 결제가 된다고?' 싶을 정도로 정말 깔끔하고 심플하다.

이 훌륭한 서비스를 만든 스트라이프의 창업자 패트릭 콜리슨(Patrick Collison)은 본인의 창업 과정을 설명하며, "스트라이프는 역대 최고의 야크 셰이빙 사례"라고 말했다. '야크 셰이빙'이란 야크 즉 소의 털 깎기라는 뜻이다. 왜 갑자기 난데없이 소의 털을 깎는다는 것일까? 맞다. 그 '난데없음'이 바로 이 단어의 핵심이다. 난데없는 일처럼 보이는 일이 사실은 내가 해야 하는 일과 연결되어 있다는 것. 그게 야크 털 깎기의 숨겨진 의미다.

야크 털 깎기: 본래 해야 할 일과 전혀 상관없는, 사소하고 이상한 일을 하는 것처럼 보이지만, 사실은 내가 해야 하는 일(원래 목표)과 연결되어 있는 것.

2010년 패트릭과 그의 동생 존은 여러 가지 프로젝트를 진행하던 중 결제 솔루션이 너무 불편해 화가 났다. 그래서 프로젝트를 진행하다가 "정말 간단한 결제 시스템은 없을까?"라는 문제를 두고 토론을 벌이기 시작했다. 목표했던 프로젝트와는 상관없어 보이는 문제를 해결하려 한 셈이었고, 결국 끝까지 문제를 해결해 보자는 마음으로 스트라이프를 창업하게 됐다. 처음에는 막막했다. 사업의 규모, 안정성과 보안 문제, 경쟁사인 페이팔과의 차별화 등 모든 게 불확실했다. 그러나 우선 결제 과정을 간소화하는 데 집중했고, 그렇게 스트라이프는 성공했다.

그러니까 야크 셰이빙은 이런 셈이다.

A는 수영을 하기로 한다.

→ 구명 튜브가 필요해서 찾아본다.

→ 구명 튜브에 구멍이 나 있어, 이를 때울 테이프가 필요하다.

→ 테이프를 사러 가려고 차에 오른다.

→ 차가 고장이 나 시동이 걸리지 않는다.

→ 마침 풀을 뜯고 있는 야크(소)가 보인다. 야크를 타고 테이프를 사러 가기로 하지만 등의 털이 너무 길어 안장이 미끄러진다.

→ A는 야크 털을 깎기 시작한다.

결국 수영하려던 A가 야크 털을 깎는 상황이 펼쳐진다(전개 과정이 좀 억지스럽긴 하지만 유머와 맥락으로 이해해 주길 바란다). 얼핏

보면 본래 목표와 동떨어진 행동 같지만, 결과에서 바라보면 모두 필요한 과정이었군, 하게 되는 게 바로 야크 셰이빙이다. 그런데 많은 이들이 야크 셰이빙을 경계하고, 해서는 안 될 일로 분류한다. 목표한 것에서 멀어질수록 목표 수립까지의 비용(시간, 노력, 돈 등)이 더 많이 들기 때문이다. 그러나 의도치 않은 가능성을 발견하고 놀라운 성과를 거두게 되는 경우도 발생한다. 바로 패트릭 콜리슨의 스트라이프 사례처럼 말이다.

나는 야크 셰이빙을 겁낼 필요가 없다고 생각한다. 처음 말했듯이 길을 헤맸다면 길을 헤맨 이유가 있을 거라고 생각하는 편이다. 길을 잃고 헤맨 만큼 그 땅이 내 것이 되는 거라는 말이 있지 않은가? 길을 헤매며 배운 것들이 결국 내가 이루기를 원하는 궁극적 목표를 이뤄내는 데 아주 큰 도움이 될 거라고 나는 믿는다. 그래서 야크 셰이빙을 하는 것에 큰 거리낌이 없고, 오히려 그것을 현명하게 잘 이용하면 된다고 생각한다. 헤매고 돌아갔다고 생각했던 길이 멀리서 보면 최적의 지름길이 될 수도 있는 일이니 말이다.

얼마나 헤매든 나는 결국
원하는 곳에 도착할 거야

야크 셰이빙은 본래 해야 할 일과 전혀 상관없는, 사소하고 이상한 일을 하는 것처럼 보이지만, 사실은 내가 해야 하는 원래 목표와 연결되어 있는 것을 의미한다고 말했다. 즉 야크 셰이빙이 불필요한 낭비가 아니라 의미 있는 행동이 되기 위해서는 반드시 전제가 필요하다. 바로 내가 진짜로 가고 싶은 방향, '원래의 목표'가 무엇인지 알고 있어야 한다는 것이다.

내가 어디로 가고 싶은지를 분명히 아는 것은 왜 중요한가. 목적지가 있어야만 그 과정을 신뢰하고 즐길 수 있기 때문이다. 앞에서 언급한 에어비앤비 창업자의 일화를 떠올려보자. 그는 자신이 꿈꾸던 디자이너가 됐지만, 어느 순간부터 앞뒤가 똑같은 길을 무한히 운전하는 느낌이 들었다고 했다. 그 기분은 목적지를 잃은 상태에서 살아갈 때의 감정과 비슷하다. 우리는 종종 바쁘게 무언가를 하고 있지만, 정작 그 바쁨이 나를 어디로 데려가는지 알지 못할 때가 많다. 액셀러레이터를 힘껏 밟으며 달리고 있는데, 전진하고 있는지 후진하고 있는지조차 감이 오지 않는다고 할까. 내가 '어디에 가고 싶은지', 그리고 '지금 어디쯤 와 있는지'를 모르기 때문이다. 측정은 목표가 있어야 가능한 일이다. 목적지가 있어야 속도와 방향을 판단할 수 있다.

유튜버로 활동하면서 나도 어디로 가야 할지 몰라 헤맸던 시간이 있었다. 구독자 수와 같은 정량적 숫자를 목표로 세워야 하는지, 돈을 얼마나 벌고 싶은지에 대한 물질적 가치를 목표로 세워야 하는지, 혹은 구독자와의 긍정적인 소통을 목표로 세워야 하는지 헷갈렸다. 이것도 아니고, 저것도 아닌 거 같았다.

그래서 나는 "내가 무엇을 원하는지 알아내겠다"라는 목표에 방점을 찍고, 언젠가는 반드시 알게 될 거라는 믿음을 품은 채 야크 셰이빙을 시작했다. 되도록 다양한 사람을 만나고, 낯선 경험을 시도하려 노력했고, 그 과정에서 기쁨과 슬픔, 때론 상처도 받았다. 그렇게 야크 세이빙을 하면서, 나를 진정으로 몰입하게 하는 것이 무엇이고, 내가 정말 원하는 것이 무엇인지 차츰 알게 되었다.

물론 내가 내린 결론이 영원할 거라고는 생각하지 않는다. 지금의 확신도 5년 후에는 사라질 수 있고, 지금 옳다고 여기는 것들이 10년 뒤에는 틀렸다고 느껴질지도 모른다. 그렇다고 해서 두렵거나 조급해지지는 않는다. 혹시 다시 길을 잃는 순간이 오더라도, 나는 다시 야크 셰이빙을 시작하면 된다. 중요한 건 내가 원하는 것에 방점을 찍고, 움직이는 태도이다.

여기서 말하는 '목표'는 반드시 행동이나 직업처럼 구체적인 형태일 필요는 없다. 감정적인 상태, 삶의 방향성, 혹은 나다운 정체성과 같은 막연하고 추상적인 것도 충분히 목표가 될 수 있다. "지금은 모르지만, 내가 진짜 원하는 걸 알아내겠다"라는 선언도 훌륭한 목표가 된다.

목표가 생긴 후에 가장 필요한 건 믿음이다. 잘될 거라는 믿음을 가지고 야크 털 깎기를 두려워하지 말아야 한다. 사실 이 믿음의 단계가 가장 어렵다. 나 역시 하루에도 몇 번씩 의심에 휩싸이고, '지금 이게 맞는 걸까', '쓸데없는 시간 낭비가 아닐까'라는 불안에 흔들린다. 이렇게 살다가 과거의 영광을 회상하며 쓸쓸한 노년을 맞는 거 아닐까 하는 걱정에 설득되기도 한다. 하지만 논리적으로 아무리 따져봐도 완전한 확신은 좀처럼 주어지지 않는다. 그러니 이것저것 따지지 않고, 그냥 믿고 가겠다고 마음먹는 게 효율적이다.

막연한 믿음을 가지자는 다짐 뒤에는 내가 바보가 되지는 않을까 하는 막연한 두려움이 뒤따른다. 하지만 비행기부터 영화까지 세상에 존재하는 모든 창작물은 그 창작물이 존재할 가치가 있다는 누군가의 무모한 믿음에서 탄생했다. 사실 믿음은 '진짜 믿어져서'가 아니라, '믿기로 결심했기 때문에' 시작되는 경우가 대부분이다. 내가 종교인이 아니라서 논리적으로 말할 재간은 없다. 다만 "잘 안될 거 같아… 잘될 근거가 없잖아!" 하고 의심하고 불안해한다고 상황이 해결되지 않음을 알기에 그냥 믿기로 한 것이다.

확실한 건, 목표를 향해 "잘될 거야"라고 믿으며 하루하루를 성실히 살아가다 보면, 언젠가는 여정 자체를 즐기게 된다는 점이다. 그 즐거움 속에서 우리는 어느새 '진짜 내가 원하는 것'에 가까워지고, 자기 자신에 대한 신뢰도 조금씩 자란다. 신뢰는 직감으로 이어지고, 직감은 인생의 지름길로 우리를 안내한다. 중요한 순간마다 우리를 가장 나다운 방향으로 이끌어준다. 이러한 과정을 반복하면서 비로소 우리는 남이 정한 기준이 아니라, 내가 원하는 삶의 형태를 만들어갈 수 있게 된다. 아주 자연스럽고 편안하게 말이다.

계획대로 되었다면
영화 〈죠스〉는 실패했다

과정을 신뢰하라고? 어디로 가든 결국 목적지에 당도하게 될 거라고?

처음에는 이 말을 납득하기 어려울 수 있다. 듣는 사람에 따라 허무맹랑하게도, 혹은 무책임하게도 들릴 수 있다. 어디로 가는지도 모르고, 결과도 알 수 없는 여정에서 그냥 과정을 믿으라고? 누군가는 냉소적으로 말할 것이다. 요즘 세상에 그렇게 낭만적으로 살 수 있냐고. 목표를 향한 정확한 설계도 없이, 방향도 없이 나아간다는 건 결국 실패로 귀결되는 게 아니냐고.

"과정을 신뢰하라"라는 말은 어디로 가는지 그 방향성을 강조하는 말이 아니다. 오히려 반대로, 우리가 아무리 방향을 잡고 계산해도 인생은 예상대로 흘러가지 않는다는 것을 인정하는 말이다. 미어캣처럼 바깥을 살피고 의심하느라 에너지를 쓰지 말고, 내면에 집중해서 잘될 거라 믿고, 해야 할 일을 제대로 하는 데 집중하라는 말이다.

우리는 종종 목표에만 집착하다가 길을 잃는다. 때로는 외부 조건에 너무 민감하게 반응하느라 중심을 잃는다. 평균적으로 성공 확률이 높아 보이는 길을 걷는다고 해서 완벽한 결과가 보장되지는 않는다. 반대로 이상해 보이는 길로 간다고 해서 반드시 실패하지도 않는다. 책상 앞에서 진지하게 고민할 때는 떠오르지 않던 아이디어가 화장실에서 멍때리다가, 걷다가, 샤워하다가, 먹다가 생각나는 경우도 많지 않은가?

과정을 신뢰하라는 말은 결국 당신 자신을 신뢰하라는 말이다. 밖에서 어떤 악조건이 나를 흔들더라도 '나'를 믿고 할 일을 제대로 해내면 된다. 누가 당신에게 무슨 말을 하든, 어떻게 평가하든 당신과는 무관한 일이다. 세상이 나를 괴롭히더라도, 해야 할 일을 찾고 그것들을 해내는 데 집중하라. 밖에서 무슨 일이 일어나는지는 당신과 아무 관련도 없다는 듯 굴어라.

악조건 속에서도 목표에 집중해 놀라운 결과를 만들어낸 사례를 하나 살펴보자. 스티븐 스필버그의 영화 〈죠스〉는 믿기 어려운 악조건 속에서 탄생한 명작이다. 영화의 핵심인 '식인 상어'의 존재감을 생생하게 전달하기 위해 큰돈을 들여 정교한 상어 로봇을 제작했지만, 문제는 물에 들어갈 때마다 고장이 난다는 것이었다. 겨우 작동할 때도 너무 느리게 움직여 상어의 긴장감을 살리지 못했다. 상어 로봇을 수리할 돈도 문제였지만, 이 때문에 촬영 일정이 늦어지면 수백만 달러의 손해를 봐야 하는 상황이었다. 말 그대로 최악의 상황이었다.

스티븐 스필버그는 머리를 싸매고 고민했다. 그는 상어를 직접 보여주지 않고도 긴장감과 공포를 전달할 방법을 찾으려 했다. 그러다 묘수가 떠올랐다. 인간의 공포 심리를 상상력으로 자극하는 새로운 연출 방식이었다. 그는 상어를 직접 보여주는 대신 간접적 연출에 집중했다. 비명을 지르며 물 밖으로 나오려고 버둥거리는 사람들, 피로 물든 검붉은 바다, 너덜거리는 살점, 천천히 물살을 가르며 다가오는 상어 지느러미, 그리고 무엇보다 "두-둥, 두-둥" 기분 나쁜 저음으로 죠스가 해변에 나타날 때마다 들려오는 테마 음악까지. 그 유명한 "두-둥 두-둥" 하는 리듬이 고장나서 이상하게 움직이는 상어 로봇에서 시작됐다는 사실이 정말 재미있지 않은가?

스티븐 스필버그는 상어 로봇이 고장이 나버린, 그 악조건에 집중하지 않았다. 그가 점을 찍은 '상어가 나오는 무서운 영화 제작'이라는 본래의 목표에 집중했다. 목표를 찾았으니 어떻게든 그곳에 도착할 거라고 믿고, 야크 셰이빙을 한 것이다. 아마 '고장 난' 상어를 보며 욕도 했을 것이고 절망도 했겠지만, 결국에는 목적지에 집중했다. 그리고 목표에 도달할 방법은 집중

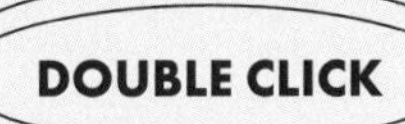

We don't know how long we'll wander to reach our goal. When lost, simply say "Maybe I'm wandering as long as I need to."

목표에 도달하기 위해 얼마나 헤맬지는 알 수 없다.
그럴 때면 나는 그냥 이렇게 생각한다.
"내가 필요한 만큼 헤매는 거겠지."

하는 과정에서 창의적으로 떠올랐다. 아마 그가 과정을 신뢰하지 않고, 자신의 감각을 믿지 못하고, 목표에 집중하지 못했다면, 수많은 사람을 전율케 한 영화 〈죠스〉는 탄생하지 못했을지도 모른다.

과정을 즐기라는 말에 대한
심각한 오해

목적지를 아는 상태로, 목적지에 잘 도착할 거라는 믿음을 지녔다면 과정을 즐기게 될 수밖에 없다. 과정을 즐길 수 없다면 앞의 두 가지 조건이 충족되지 않았다는 신호다.

예를 들어 생각해 보자. 사랑하는 사람과 약속을 잡고, 그를 만나러 가는 택시 안을 떠올려보자. 설렐 수도 있고, 마음이 평안하고 행복감으로 가득할 수도 있다. 문제없이 도착할 거라 믿고, 함께 행복한 시간을 보낼 수 있을 거로 생각하기 때문에 바깥 풍경을 보며 다양한 감정을 느낄 여유도 있을 거다.

반면에 눈을 떠보니, 나도 모르는 사이에 낯선 택시 안에 앉아 있다고 해보자. 택시가 어디로 향하는지, 내게 무슨 일이 벌어질지 아무도 모른다. 그 상황에서 창밖 풍경이 눈에 들어오겠는가? "풍경 좋다" 하면서 해맑게 웃을 수 있을까? 절대 그럴 수 없다. 즐기기는커녕 불안감으로 온몸에 식은땀이 날 것이다. 문제는 우리가 진짜 얻기를 원하는 것은 바로 그 과정에 있다는 점이다. 과정에서 느끼는 모든 감정과 경험치 하나하나가 실질적인 목표다. 과정을 충분히 느끼기 위해서는 매 순간 몰입해야 한다. 하지만 불안이 사람을 뒤덮으면 불안 말고는 다른 것은 볼 수도 느낄 수도 없게 된다. 목표를 향한 과정에서 우연히 마주한 사람과 나눌 감정도, 경험도 충분히 맛볼 수 없게 되는 거다. 과정을 맛보지 못한 채 겁에 질려 목표치에 다다른다고 한들 생각한 만큼의 만족감이 들지 않을 거다.

이런 말을 들어본 적 있을 것이다.

"목표를 이룬다고 행복해지는 게 아니다."

주로 성공한 사람들이 하는 말이다. 나도 어렸을 때부터 주변에서 많이 들었다. 내가 유튜브에 거의 집착에 가까울 만큼 몰두하던 시기, 부모님은 종종 이렇게 말씀하셨다.

"너는 이 일을 해야 해서 하고 있는 게 아니라, 하고 싶어서 하고 있다는 걸 잊지 마라."

이런 조언도 많이 들었다.

"목표를 이루고 나면 굉장히 허무해질 수 있으니, 반드시 과정을 즐기고 그 속에서 행복을 찾아야 한다. 과정을 탐구하는 단계가 생략되면, 원하는 곳에 다다르고 나서 '이게 뭐지?' 하는 회의감이 찾아올 거다."

그 말을 들었을 당시에는 왠지 모르게 입을 삐죽거렸다. 그들의 진심을 모르는 건 아니었지만, 나는 나름의 책임감으로 진지하게 임하고 있는데, 왜 자꾸 "억지로 하지 말라"라고 말하는 걸까? 그런 얄팍한 반항심(?)이 들기도 했다. 지금 생각해 보면, 그 말은 "몸에 힘을 빼라"라는 뜻이었다. 무슨 일이든 너무 비장하게 굴면 몸에 힘이 들어가고 불안이 따라붙기 마련이고, 그렇게 되면 현재를 즐길 수 없기에 내게 그런 말씀을 하셨던 것 같다.

과정을 즐기라는 말은 곧 현재를 살라는 말이다. 과거를 후회하고 미래를 예측하느라 불안해하는 대신, 미래는 방향으로 삼고 지금, 이 순간—현재에 일어나는 일들, 이 여정을 믿고 즐기라는 것이다. 그것이 바로 야크 셰이빙의 진정한 의미다.

언젠가부터 원하는 '목표'에 다다르더라도, 과정을 충분히 즐기지 못하면 안 된다는 말이 무섭게 느껴졌다. 나는 오랜 시간 동안 내가 마주한 현실의 힘듦과 고난을 외면한 채, 언젠가 이 모든 것이 보상받을 날이 올 거라는 막연한 기대 속에 살았다. 하지만 시간이 지나면서 외면했던 현실은 그에 대한 대가를 요구했다. 미래를 기약하며 미뤄두었던 사랑하는 사람들과의 시간은, 그들이 세상을 떠나면서 영영 이룰 수 없게 되었다. 그리고 그 자리에 홀로 남겨진 나는 외면했던 현실에 대한 값을 처절하게 치르며 후회의 한숨을 내쉬어야 했다.

　현재를 마주하고, 과정을 즐기는 건 생각보다 큰 용기가 필요하다. 과거를 반추하고, 미래를 예상하려 드는 것은 현재를 외면하는 행위다. 현재를 외면하는 저마다의 이유가 있겠지만, 언젠가는 현재의 나를 외면한 값을 치러야 한다. 그러니 우리 이제는 용기를 내보자. 지금, 이 순간을 마주하고, 그 과정에서 삶의 감각을 되찾자. 보고, 듣고, 느끼고, 나누며, 천천히 그러나 분명하게 목적지에 가보자. 과정은 길고 험할 수도 있지만, 그 안에서 우리는 진짜 원하는 것을 발견하고, 그것을 온전히 '살아낼' 수 있게 된다. 그렇게 우리는 남이 만들어놓은 인생이 아닌, 진짜 '나의 삶'을 하나하나 완성해 나가게 될 것이다.

DOUBLE CLICK

Faith doesn't begin because you believe. It begins because you decide to.

믿음은 '진짜 믿어져서'가 아니라,
'믿기로 결심했기 때문에' 시작된다.

내면 자동화: 내가 나를 위해 일하도록 하라

역산 사고, 미래의 나를 불러오기

많은 일을 하려면, 업무의 자동화가 중요하다고들 말한다. 자동화할수록 내가 하려는 일을 큰 저항 없이 더 효율적으로 해낼 수 있기 때문이다. 그런 맥락에서, 내가 동작하는 방식도 자동화할 필요가 있다. 이른바 '내면 자동화'. 이 내면 자동화가 제대로 되어 있으면, 힘들게 애쓰지 않아도 나를 사용해 최적의 효율을 낼 수 있고, 내가 원하는 지점까지 눈 깜짝할 새에 도달할 수 있다.

'내면 자동화'는 내가 붙인 이름이라 다소 낯설게 느껴질 수 있다. 하지만 다른 말로 하면 바로 '롤 모델 설정'이다. 이는 세계적인 기업의 전략 수립을 비롯해, 수많은 사업가와 정치인들이 성공을 이루는 데 널리 활용해 온 강력한 방법이다. 실제로 세계적인 투자자 워런 버핏도 이 롤 모델 설정의 중요성을 반복해서 강조한 바 있다.

"'The best thing I did was to choose the right heroes', he stated, adding, 'It comes from Graham.' 내가 한 일 중 가장 잘한 일은 올바른 영웅을 선택한 거다. 그 영웅은 그레이엄이다."

워런 버핏은 벤자민 그레이엄을 본인의 가장 큰 롤 모델로 언급했다. 그는 그레이엄에게서 투자 원칙은 물론 삶의 자세까지 배웠다고 언급했다. 2024년에 참석한 버크셔 해서웨이 회의에서도 롤 모델의 중요성에 대해 다시 한번 강조했다.

"You want to have the right heroes, and you don't have to have them based on what they've accomplished. It's the people that you want to be yourself. 당신이 올바른 영웅을 가지길 바랍니다. 그들이 이룬 업적을 기반으로 영웅을 선택할 필요는 없습니다. 그저 당신이 되길 원하는 사람을 선택하면 되죠."

"If you copy the right people, you're off to a great start,

and I don't mean a great start about making money; I mean a great start about living your life. 만약 당신이 괜찮은 사람을 모방한다면, 당신은 매우 좋은 출발점에 서게 되는 겁니다. 여기서 좋은 출발이란, 돈과 관련해서 좋은 출발을 말하는 게 아니라, 당신의 인생을 잘 살아가는 것에 대한 좋은 시작을 의미하는 거죠."

워런 버핏이 강조한 바와 같이 "성공하고 싶다면, 롤 모델을 정하라"라는 말을 들어본 적이 있지 않은가? 미셸 오바마, 오프라 윈프리 등 정말 수많은 사람이 이 롤 모델의 중요성을 말했다. 왜일까? 롤 모델을 정하면 어떻게 되는 걸까? 결정적 순간에 섣불리 행동하기 이전에, 내 '롤 모델'이라면, 내가 마주한 이 상황에서 과연 어떻게 행동할까를 생각해서 행동하게 된다. 행동을 행하는 주체에서 조금 떨어져 내 행동을 객관적으로 살피게 되는 것이다. 그리고 내 행동이 내가 되고 싶은 자아상과 얼마나 멀리 떨어져 있는지 그 거리를 가늠해 보고, 감각적으로 느낄 수 있게 된다.

이런 훈련을 통해 내가 되고 싶은 인물과 지금의 나 사이의 거리를 좁힐수록, 나는 내가 되고 싶은 자아상과 가까워진다. 그 자아상과 가까워질수록 내면에서는 '자동화'가 일어난다. 이른바 역산 사고. 내가 행동하여 그에 맞는 자아상을 만들어가는 게 아니라, 자아상을 만들고 그에 맞는 행동을 유도하는 역산 사고를 하는 것이다. 롤 모델, 즉 내가 되고 싶은 자아상이 뚜렷하고 내가 그를 인식하고 있다면 나는 자연스레 그 자아상이 할법한 행동을 하게 된다.

예를 들어 초콜릿을 먹는 습관을 바꾸고 싶다면 초콜릿을 먹지 않겠다고 다짐하는 것보다, 단 걸 싫어하는 사람이 되는 게 초콜릿을 먹지 않는 행동을 유도하기 더 쉽다는 말이다. 롤 모델이라고 말하면 위대한 인물이나, 특정한 타인을 찾아야 하는 건가 싶을 수 있는데, 꼭 그럴 필요는 없다. 타인의 모습을 보고 멋있다고 생각하고, 내가 되고 싶다고 생각한 특성을 발견했다면, 그것들을 모아서 내가 원하는 자아상을 직접 만들면 된다. 특정 타인을 롤 모델로 삼는 이유는, 그 자아상이 행동을 유도해 낼 만큼 실감나고 탄탄해야 하기 때문이다. 실제로 존재하는 사람이 아니더라도, 여러 장점들을 모아 그 존재감을 실감나고 탄탄하게 만들 수 있다면 그 자아상은 훌륭한 롤 모델로서 작동하게 될 거다.

중요한 것은 역산 사고를 통해 내가 원하는 자아상을 만들고 그에 '몰입'하는 것이다. 자아상에 몰입해서 행동이 자연스레 유도되고, 그 유도된 행동을 직접 행하며 자아상이 더 튼튼해지는 사이클이 반복되면 그때 비로소 나의 내면이 자동화되는 거다. 그때부터는 큰 노력 없이, 의식하지 않고도 내가 원하는 바를 이루는 데 도움이 되는 행동들이 자연스럽게 일어나게 될 것이다.

무의식을 내 편으로 만드는 법

인간이 내리는 대부분의 결정과 행동은 무의식의 영향을 받는다. 그래서 우리는 더더욱 자아상을 점검할 필요가 있다. 이 무의식의 중요성을 강조한 심리학자가 있다. 바로 2002년 노벨 경제학상을 수상한 심리학자 대니얼 카너먼(Daniel Kahneman)이다. 그는 행동경제학의 창시자로, 당시 경제학에서 정설로 받아들이던 "인간은 합리적으로 사고하며, 이성적으로 최대한 똑똑한 결정을 내린다"라는 주장을 정면으로 반박했다. 그는 "인간은 비합리적이고, 상식 밖의 결정을 하는 존재"라고 주장했다. 맞는 말이다. 사실 인간은 쥐보다도 비합리적인 선택을 한다. 우리가 내리는 선택이 쥐가 내리는 선택보다 비합리적이라고? 이게 무슨 말인가?

다음의 실험을 살펴보자. 미국 윌리엄 앤드 메리 대학교의 파크리사누(Paclisanu) 교수 연구팀이 진행한 '제비뽑기 게임 실험'에서 인간은 쥐보다 비합리적인 선택을 했다. 실험 규칙은 다음과 같다. 참가자는 A와 B 가운데 하나를 선택하는 뽑기를 총 200번 진행해야 한다. A를 뽑으면 75%의 확률로 1,000원을 벌고, B를 뽑으면 25%의 확률로 1,000원을 번다. 참가자는 이 확률을 모른 채로 실험에 참가한다.

실험이 시작된 후, 참가자는 A와 B를 선택하며 시행착오를 거치고, 100번쯤 됐을 때 A를 뽑으면 B를 뽑았을 때보다 훨씬 더 높은 확률로 보상받는다는 로직을 눈치챘다. 더 높은 수익률을 위해서는 계속해서 A만 뽑아야 한다. 그럼에도 불구하고 대다수의 사람이 A와 B를 왔다 갔다 하며 수익률을 떨어뜨렸다. 반면에 쥐는 아주 단순하게 선택했다. A를 선택했을 때 보상받을 확률이 더 높다는 것을 눈치챈 쥐는 그 뒤로 계속 A만을 선택했다. 결과적으로 쥐가 사람보다 1만 2,500원을 더 벌었다. 인간은 왜 이러한 비합리적 선택을 반복할까?

대니얼 카너먼의 저서 《생각에 관한 생각(Thinking, Fast and Slow)》에서 그 이유를 찾을 수 있다. 그는 사람이 빠른 사고와 느린 사고를 한다고 설명한다. '빠른 사고'와 '느린 사고'는 심리학에서 시스템 1, 시스템 2라는 이름으로 자주 언급되는데, 이는 심리학자 키스 스타노비치(Keith E. Stanovich)와 리처드 웨스트(Richard West)가 제안한 용어로, 인간의 선택 프로세스를 구분하기 위해 사용된다.

빠른 사고인 시스템 1은 빠르게 작동하는 자동적인 사고이다. 이 시스템은 거의 생각할 필요 없이 바로 결정을 내리며 주로 습관이나 경험, 직관에 기반한다. 빨간 신호등을 보고 바로 멈추거나, 슈퍼마켓에서 자주 사는 물건을 살 때 깊이 생각하지 않고 바로 장바구니에 담는 것, 새로운 사람을 만났을 때 그 사람의 외모나 말투를 통해 호감을 느끼거나 거리를 두는 등의 일이 모두 시스템 1의 작용이다. 앞에서 언급된 '내면 자동화'가 바로 이 시스템 1에 해당한다.

시스템 1은 경험이나 고정관념, 편견에 의해 좌우되기 때문에 비합리적인 판단을 내릴 확률이 높다. 특정 패턴이나 상황에 반복적으로 노출되면 뇌는 무의식적으로 이를 학습하고, 후에 비슷한 상황에 처했을 때 직관적인 '느낌'으로 나타난다. 처음 만난 사람의 외모만 보고 부정적인 느낌을 가졌다가 나중에 호감으로 바뀐 경험은 누구에게나 있다. 빠르고 자동적인 반응이 모든 상황에서 최적의 선택을 보장하는 것은 아니라는 말이다. 종종 '직감이 틀렸던 적이 있다'라고 느낄 때가 있는데, 바로 이 시스템 1의 함정에 빠진 것이다.

반면에 시스템 2는 느리지만 신중한 사고 체계이다. 논리적으로 분석하여 판단을 내리는 일에 작동한다. 어려운 문제를 풀거나 복잡한 개념을 이해해야 할 때, 또 직장을 선택하거나 집을 살 때, 큰돈을 투자할 때 등이다. 그런데 시스템 2의 과정은 느리고 시간이 걸리고 많은 생각이 필요하기에 정신적으로 피곤하다. 인간은 본능적으로 이를 피하려고 한다. 이를 '인지적 구두쇠(Cognitive miser)'라고 한다. 1984년 미국 프린스턴대 수잔 피스크(Susan T. Fiske)와 UCLA의 셸리 테일러(Shelley E. Taylor) 교수가 발표한 이론으로, 사람들은 지능과 관계없이 최대한 두뇌의 에너지를 적게 쓰는 방식, 노력을 덜 들이는 방식으로 문제를 해결한다는 것이다. 마치 구두쇠가 돈을 아끼듯 '생각'을 아낀다는 것이다. 그래서 사람들은 의식적 영역에서 작동되는 시스템 2가 아니라, 직감이라는 이름이 붙은 무의식의 영역에서 작동하는 시스템 1에 의존해서 행동하게 되는 것이다.

앞서 말한 '제비뽑기 게임 실험'에서 사람들이 분명 A를 선택하는 것이 유리함을 알면서도, A와 B를 번갈아 선택한 것은 무의식적인 직관(시스템 1)에 끌려간 전형적 사례라 할 수 있다. 두렵지 않은가? 이렇게 강력한 영향력을 행사하는 시스템 1이 존재하다니. 우리는 그것에 무기력하게 끌려갈 수 밖에 없는 걸까? 다행히 그렇지는 않다. 과연 어떻게 하면 우리의 시스템 1을 재구성할 수 있을까? 바로 역산 사고를 통해서다. 지금까지의 결과를 통해 시스템 1을 형성하고 강화시키는 패턴을 멈춰라. 내가 원하는 결과(원하는 자아상이나 목표)를 분명히 파악하고, 그 결과를 맞은 내가 필요로 하는 것이 무엇일지 파악하

라. 그리고 그에 맞는 인풋을 넣으면 된다. 이렇게 하면 무의식적인 직관으로 강력하게 움직이는 시스템 1을 내가 원하는 방향으로 프로그래밍할 수 있다. 이것이 바로 역산 사고를 통한 '내면 자동화'이다.

디즈니의 배우들, 써브웨이의 예술가들

역산 사고는 유명한 기업에서 이미 많이 사용하고 있는 기업 운영 전략이다. 대표적으로는 디즈니를 예로 들 수 있다. 디즈니는 디즈니랜드에서 일하는 모든 직원에게 '배우'라는 타이틀을 갖고 있다고 교육했다. 직원들은 자신의 일터에서 '배우'라고 생각하고 행동한다. 이 사고가 어떤 결과를 낳았을까?

디즈니랜드의 환경미화원인 티머시는 자신에게 할당된 구역에서 청소하고 있었다. 그런데 어디선가 울음소리가 들려 고개를 돌려보니 예닐곱 살 된 아이가 울고 있었다. 바닥에는 팝콘이 흩어져 있었고, 아빠로 보이는 남자가 아이를 꾸짖는 중이었다. 사실 환경미화원의 업무는 맡은 구역을 청결하게 관리하는 거다. 그러니 아이가 떠난 뒤, 널브러진 팝콘을 치우면 될 일이다.

하지만 티모시는 디즈니랜드의 '배우'라는 자아상을 가지고 있었다. 잠시 자리를 뜬 티모시는 다시 돌아와 아이에게 다가갔다. 그리고 무릎을 꿇은 채 눈을 맞추며 말했다.

"안녕. 팝콘이 쏟아져 슬프겠구나. 미키마우스가 말해줬어. 네가 팝콘을 떨어뜨려 매우 슬퍼한다고 말이야. 미키마우스가 새 팝콘을 너에게 선물해 주고 싶다면서 대신 전해달라고 해서 가져왔어."

그러고는 등 뒤에서 팝콘 봉지를 꺼내 아이의 손에 쥐여주었다. 어느새 울음을 그친 아이는 미키마우스를 찾는지 티모시의 등 뒤를 자꾸 쳐다보았다. 티모시가 눈을 찡긋하며 웃었다.

티모시의 행동이 특별하게 보이지 않을 수도 있다. 우는 아이를 달래려고 상황을 꾸며내는 것쯤은 자연스러운 일이니 말이다. 그러나 티모시는 우는 아이를 달래기 위해 거짓말로 상황을 꾸며낸 게 아니라, 배우로서 연기를 한 거다. 그리고 티모시의 이 행동 뒤에는, 직원 한 사람 한 사람에게 '배우'라는 자아 정체성을 교육한 디즈니랜드의 조직적인 훈련 프로그램이 있다.

자아 정체성은 쉽게 말해, "나는 나를 어떤 사람이라고 생각하느냐"에 대한 답이다. 즉 스스로를 어떻게 정의하느냐에 따라, 개인의 행동과 삶의 방향이 자연스럽게 그 정의를 따라

간다. 자아 정체성은 단순한 생각에 그치지 않고, 우리의 행동과 결정에 무의식적으로 큰 영향을 미친다. 그래서 나의 자아 정체성이 어떻게 형성되어 있는가를 이해하는 것은 개인이 원하는 삶을 살기 위해 살펴봐야 할 아주 중요한 요소다.

디즈니랜드의 환경미화원 사례는 자아 정체성의 형성 과정을 잘 보여준다. 우선 디즈니랜드에 입사하면 직원들은 단순한 '직원'이 아니라 'cast member(배우)'라는 칭호를 갖는다. 탈을 쓰고 연기를 하는 캐릭터 배우뿐만 아니라 놀이시설 관리자, 회계 담당자, 경영진까지 스스로 배우라고 인식하는 교육을 받는다. 이 칭호는 디즈니랜드 조직 전체의 행동 양식에 큰 영향을 준다. 다음은 몇 가지 교육 훈련 가운데 일부이다.

직원은 고용 노동자가 아니라 배우이다.
직원이 입고 있는 옷은 제복이 아니라 무대의상이다.
디즈니랜드 안을 돌아다닐 때는 무대에서 연기를 하는 중이다.
디즈니랜드 고객은 소비자가 아니라 손님이자 관객이다.

스스로를 배우로 인식하기 시작한 순간, 디즈니랜드 직원들의 말과 행동에는 어떤 변화가 생겼을까. 스탠퍼드대 교수 칩 히스(Chip Heath)는 저서 《스틱!(Made to Stick)》에서 이 사례를 예로 들고 있다.

"가령 직원들이 무대의상을 걸친 채 공원 안에서 늘어지게 휴식을 취해도 괜찮을까? 허용될 리가 없다. 어떤 배우가 연기를 하다 말고 무대 위에서 담배를 꼬나물고 옆 사람과 잡담을 나누겠는가.”

디즈니랜드 안에서는 배우라는 정체성에 맞춰 그에 맞는 생각과 말, 행동을 무의식적으로 하게 되는 것이다.

한편 샌드위치 프랜차이즈 업체 써브웨이도 역산 사고를 활용한다. 써브웨이는 매장에서 손님들의 주문을 받아 샌드위치를 만드는 직원들에게 ‘샌드위치 아티스트’라는 독특한 직함을 부여한다. 이 명칭은 단순히 샌드위치를 조립하는 기계적인 역할을 수행하는 직원들에게 자긍심과 창의성을 불어넣기 위한 전략이다. 여기서 칩 히스는 ‘아티스트’라는 명칭에 대해 한 가지 의문을 제기한다. 우리가 ‘아티스트’라고 할 때 떠올리는 이미지는 고정된 틀을 벗어나 자유롭고 독창적인 감각을 표현하는 존재다. 반면 써브웨이 직원의 일은 고객이 선택한 재료와 방식에 충실히 따르는 정해진 절차의 반복에 가깝다. 당신이 써브웨이에 들어가 메뉴를 주문했는데, 아티스트라는 칭호에 몰입한 직원이 내가 주문한 메뉴가 아니라, 다른 메뉴를 창의적으로 만들고 있다고 상상해 보자. 황당하지 않겠는가? 고객의 만족도는 급격하게 떨어질 거다. ‘아티스트’라는 명칭은 써브웨이 직원에게 요구되는 업무의 본질과 어긋난 거다.

이 지점에서 우리는 중요한 통찰을 얻을 수 있다. 칩 히스가 문제 삼은 써브웨이 직원 사례는 ‘칭호’ 자체의 적절성 여부가 아니라, 칭호가 사람의 행동에 어떤 영향을 미치는가 하는 점이다. 누군가에게 '아티스트'라는 이름을 부여하면, 그는 점점 그 이름에 걸맞게 행동하려 든다. 써브웨이 직원의 업무는 기본적으로 고객의 요구를 따르는 반복적인 서비스지만, '아티스트'라는 이름은 그 일을 창의적인 일처럼 보이게 만들고, 자연스럽게 그에 걸맞은 자부심과 책임감을 갖게 한다. 즉 이름이 행동을 만들고, 행동이 자아상을 형성하며, 그 자아상이 다시 행동을 강화하는 순환이 일어난다. 그래서 우리는 자주 돌아봐야 한다. 우리는 스스로에게 어떤 이름을 붙이고 어떤 정체성을 부여할 것인지 자주 되묻고 점검할 필요가 있다.

나는 지금 나에게 어떤 이름을 붙이고 있는가?
내가 취하는 행동은 어떤 자아상에서 비롯된 것인가?
그리고 그 행동은 내 자아상을 어떻게 강화하고 있는가?

이러한 성찰은, 우리가 무의식 속에서 살아가는 방식과 태도를 바꾸는 출발점이 될 수 있다.

DOUBLE CLICK

Give someone the name 'artist,' and they will begin to act like one. A name shapes action, action shapes identity, and identity reinforces action.

누군가에게 '아티스트'라는 이름을 부여하면,
그는 점점 그 이름에 걸맞게 행동하려 든다.
즉 이름이 행동을 만들고, 행동이 자아상을 형성하며,
그 자아상이 다시 행동을 강화한다.

작은 질문이 삶의 궤도를 바꾼다

자아 형성에 영향을 미치는 요소 가운데 놓쳐서는 안 될 부분이 바로 스스로에게 어떤 질문을 던지느냐이다. 질문이 왜 중요한가? 우리는 하루에도 수십 번, 심지어 수백 번씩 스스로에게 묻는다. '나는 왜 이럴까?', '어떻게 해야 하지?', '이게 나에게 어떤 의미지?' 같은 질문들. 그러면 뇌는 어떻게든 답하려 애쓴다. 과거의 경험, 감정을 포함한 모든 기억, 지식의 데이터베이스를 총동원한다.

질문은 방향을 결정한다. 어떤 질문을 하느냐에 따라 자아는 그 방향으로 형성된다. 건설적인 질문은 자아를 성장시키지만, 파괴적인 질문은 자아를 갉아먹는다. 어떤 질문은 가학적이고 매우 위험할 수도 있다. 특히 '우울 반추'는 정말 조심해야 한다.

왜 나는 이것밖에 안 되지?
왜 내게 이런 일이 생긴 거지?

이런 질문은 겉보기에 자기 성찰처럼 보일 수 있지만, 실제로는 과거를 반복 소환하는 사고 회로를 강화한다. 과거의 실패나 상처를 곱씹게 하면서 자아에 생채기를 낸다. 나 또한 그런 질문에 빠져본 적이 있다. 물론 이점도 있다. 반추적 사고를 잘 활용하면 스스로를 이해하는 데 아주 큰 도움이 될 수 있다. 하지만 이 질문에도 정도가 있어야 한다. '왜 이런 일이 생겼을까?' 같은 반추형 사고 회로가 겉보기에는 상황을 돌아보는 반성처럼 보이지만, 높은 확률로 '내가 잘못됐기 때문'이라는 결론에 이르기 쉽다. 상황을 객관적으로 분석하려는 시도에서 벗어나, 자신을 공격하는 느낌이 든다면 잠시 멈추고 자문해 봐야 한다.

'지금 나는 과거의 상황을 객관적으로 돌아보고 있는가, 아니면 자기 비하의 소용돌이 속에 빠져 있는가?'

'나는 왜 항상 이 모양일까' 같은 질문이 머릿속을 계속 맴돌고 있다면, 그것은 건강한 자기 성찰이 아니라 반복적이고 습관적인 자학 혹은 자기 연민일 수 있다. 질문을 멈추고 자기

비하에서 빠르게 빠져나와야 한다.

다시 강조하지만, 사람은 자신에게 던지는 질문을 통해 자아를 형성한다. 예를 들어 '나는 왜 이렇게 게으를까?'라고 스스로 묻는 순간, 뇌는 '나는 게으르다'라는 전제를 이미 사실로 받아들이고 그 증거들을 과거에서 찾기 시작한다. '어릴 때부터 그랬잖아', '또 작심삼일이네', '넌 집중력이 약했지' 등 뇌가 찾아낸 부정적인 답들은 다시 부정적인 자아를 강화한다. 그렇게 부정적인 질문은, 아주 효과적인 '자아 파괴 도구'가 된다.

자학한다고 답이 나오는 게 아니니, 반성할 부분이 있다면 반성하되 그 사이클에 너무 오래 머물지 마라. 그 사이클에 머무르는 건 반성이 아니라, 자기 연민에 가깝다. 부정적인 시나리오를 반복하면서 내가 이렇게 행동할 수밖에 없다고 말하며 스스로를 설득하고 면죄부를 쥐어주는 건 반성이 아니다. 자기 연민이자 기만이다. 우리가 원하는 건 부정적인 결과를 도출해 내는 상황 속에 머무르는 게 아니다. 다르게 행동하고 더 나은 결과를 얻고 싶은 거다. 그러니 문제 상황을 분석하고 반성했다면, 다음은 '역산 사고'를 바탕으로 내가 되고 싶은 자아 정체성을 형성할 차례다. 되돌리고 싶지 않은 경험, 고통스럽고 부끄러운 기억을 지나온 지금의 나는 '어떤 사람이 되고 싶은가?'라고 질문의 방향을 바꿔보자.

과거를 들여다보는 데 너무 많은 시간을 쓰지 말자. 너무 오래 후회하고 자책하며 괴로워할 필요 없다. 당신은 아직 살아있다. 가장 소중한 것이 아직 손안에 있다. 그러니 이제 내가 되고 싶은 자아를 탄탄하게 만드는 데 집중하라. 그 자아가 어떤 모습인지 구체적으로 그려보고, 지금의 나와 얼마큼의 거리감이 있는지 느껴보자. 그리고 그 자아라면 할법한 일을 하면 된다. 이게 진정한 반성이고 진짜 성장이다.

질문 하나가 삶의 궤도를 바꿔놓는다. 심리학자들은 이를 '자기실현적 예언(self-fulfilling prophecy)'이라고 부른다. 스스로 던진 질문이 현실을 규정짓고, 그 현실 속에서 나를 규정지은 채 살아가게 만든다는 것이다. 그래서 우리는 반드시 질문을 검열해야 한다. 질문은 거울이 아니라 지도이다.

'나는 왜 항상 부족할까?'가 아니라,
'나는 어떻게 하면 더 균형 잡힌 삶을 살 수 있을까?'
'나는 무엇을 배우고 싶은가?'
'지금, 이 감정이 나에게 무엇을 말해주는 걸까?'로 바꿔야 한다.

이런 질문은 스스로를 비난하는 대신, 탐색하고 이해하는 쪽으로 자아를 이끈다. 그렇게 질문은 자학이 아닌 성장의 도구가 된다. 우리는 살아가며 셀 수 없이 많은 질문을 던진다.

그 질문들이 모여 결국 '나'라는 존재를 만든다. 지금 당신은
스스로에게 어떤 질문을 던지는가?

Questions like "Why am I like this?" or "What does this mean to me?" awaken the brain, and it begins to seek answers.

'나는 왜 이럴까?',
'어떻게 해야 하지?',
'이게 나에게 어떤 의미지?' 같은 질문들.
그러면 뇌는 어떻게든 답하려 애쓴다

나를 좌우할 데이터는 직접 선별하라

나의 내면을 자동화하는 법은 챗지피티(chatgpt)를 학습시키는 법과 동일하다. 챗지피티를 제대로 사용하기 위해서는 내가 챗지피티에게 수행하길 원하는 역할을 말해주고, 지속적으로 대화를 주고받으며 그 역할에 대한 챗지피티의 이해도를 높이는 과정이 필요하다. 때로는 참고할 만한 정보나 예시를 제공할 필요도 있다. 예를 들어, "10년 차 베테랑 심리 상담사가 되어 논리적이고 차분한 시각으로 내 이야기를 분석하고 감정적 조언을 해줘"라고 명령어를 입력하면, 챗지피티는 10년 차 베테랑 심리 상담사가 되어 말하기 시작한다. 대화 과정에서 10년 차 베테랑 심리 상담사가 했던 말이나 행동을 학습 모델로 넣어주면 대화가 더 정교해지며, 챗지피티는 더 높은 수준의 역할 수행이 가능해진다. '원하는 바를 입력 → 결과에 대한 피드백 제공 → 관련 데이터 제공'의 과정을 통해 챗지피티는 내가 요구하는 모습에 가까워진다. 이는 내 자아상을 학습하고 탄탄히 만들어가는 과정과 동일하다. 요약하면 내면을 자동화하고 강화하는 방법은 '내가 되고 싶은 나'를 명확히 설정하고, 그것을 반복적으로 학습하는 것이다. 마치 인공지능에게 역할을 주고 점점 정교하게 훈련시켜 나가는 것처럼 말이다. 단계별로 살펴보자.

내면 자동화를 위한 3단계 자기 정체성 설계법

미션 1 | 내가 원하는 자아상을 명확히 알기

첫 번째 단계는, '내가 되고 싶은 사람은 어떤 사람인가?'라는 질문에 명확하게 답하는 것이다. 막연히 "멋진 사람이 되고 싶어", "자신감 있는 사람이 되고 싶어"라고 말하는 것만으로는 부족하다. 뇌와 마음은 훨씬 더 구체적인 '설정값'을 필요로 한다. 나의 자아가 알아서 움직이고, 실제 나를 행동하게 만들기 위해 조금 더 자세한 설정값을 준다.

막연한 자아상: 나는 멋진 사람이 되고 싶어.

구체화한 자아상: 나는 문제가 생겼을 때 회피하지 않고, 해결 방안을 먼저 고민해 보는 책임감 있는 사람이 되고 싶어.

자아상을 구체화하면, 우리의 뇌는 그 방향에 맞는 행동을 찾고자 한다. 챗지피티에게 입력값을 세세하게 줘야 원하는 결과를 얻을 수 있는 것처럼, 자아도 내가 내린 명확한 '질문'과 '묘사'를 바탕으로 움직이기 시작한다.

미션 2 | 내가 원하는 자아상이 할법한 행동 실천하기

두 번째는 행동으로 옮기는 단계이다. 내가 만들고 싶은 자아상에 몰입해서 실제로 말하고 행동해 보는 것이다. 머릿속 이미지로만 남아서는 아무 의미가 없다. 그 자아상에 맞는 행동을 '연습'해야 한다.

목표 자아상: 문제를 회피하지 않고 해결하려는 사람

실제 상황: 팀 과제 중 실수가 생겨 다들 침묵할 때

반응 행동: 괜히 나서면 피곤해질까 봐 그냥 모르는척하고 싶은 마음이 앞선다.

연습 행동: '지금, 이 상황에서 내가 되고 싶은 사람이라면 어떻게 할까?'라고 자문한 뒤, "이 부분은 제가 다시 정리해 볼게요"라고 말한다.

이 과정을 통해서 내 앞에 펼쳐진 상황에 방향 없이 '반응' 하는 게 아니라, 내가 원하는 방향에 맞게 '의도적으로 행동'하는 법을 익히게 된다. 목표 자아상에 맞는 의식적인 선택을 훈련하면, 환경에 휘둘리지 않고, 스스로 설정한 방향으로 삶을 움직일 수 있게 되는 것이다.

미션 3 | 의도적인 행동의 반복을 통해 자아상을 자동화하기

미션 1~2의 과정을 통해, 내가 설정한 자아상으로서의 경험치가 쌓이기 시작하면, 자아상은 점차 '나의 일부'가 된다. 마치 AI에게 원하는 데이터를 반복적으로 학습시키면 성능이 향상되듯, 내가 원하는 방향의 데이터를 스스로에게 주고 연습하는 것이다. 중간중간 내가 원하는 자아상을 명확히 다듬는 미션 1의 과정을 반복하면, 내 안에 희망하는 자아상이 자리 잡으면서 자동화가 일어난다. 이때 나타나는 변화는 구체적이다.

① 크고 작은 문제를 회피하지 않고 마주한다.

② 하루를 마치며 "내가 오늘 어떤 사람이었는가?"를 되돌아보고, 여전히 그 방향이 맞는지 점검한다.

③ 어느 순간부터 문제가 생겼을 때 당황하거나 피하지 않고 적극적으로 방법을 찾는 나를 발견하게 된다.

이 과정이 거듭되다 보면, 내가 처음 설정한 자아상이 서서

히 뿌리내리고, 의식하지 않아도 내가 원하는 모습대로 행동할
수 있게 된다.

자아 형성의 3단계, 핵심은 간단하다.

① 내가 되고 싶은 사람을 정확히 그린다.
② 그 사람이 할법한 행동을 실제로 해본다.
③ 그 행동을 반복하고, 자아상을 점검해 정교하게 만든다.

지금까지는 환경이 나의 정체성을 만들도록 허용하고, 그렇
게 만들어진 자아가 나의 삶을 이끌도록 내버려두었다. 이제는
그 흐름을 바꿀 때이다. 내 정체성에 영향을 미칠 데이터를 내
가 직접 '선별'하는 것이다. '내가 직접 선별한 데이터로 내가
원하는 방향의 정체성을 만들고 그로부터 비롯된 행동이, 인
생을 내가 원하는 방향대로 운영할 수 있게 만드는 것.' 이것이
바로 '내면 자동화'다.

Build your identity with data you choose yourself. That's how your life becomes self-directed. That's inner automation.

'내가 직접 선별한 데이터로 정체성을 만들고,
그로부터 기인한 행동이 내 인생을 내가 원하는 방향대로
운영할 수 있게 만드는 것',
이것이 바로 '내면 자동화'다.

09

멈춤의 기술: 불씨를 꺼뜨리지 않는 법

내면의 불꽃을 원하는 때에 켜고 싶다면

성취에 대한 이야기를 접하다 보면 필연적으로 마주치게 되는 단어가 있다. 바로 '도전'이다. 수많은 자기 계발서, 명사들의 강연, 유튜브 동기부여 영상, 어느 매체를 보든 빠지지 않고 등장하는 이 단어는 마치 성공의 출입문처럼 여겨진다. "도전하지 않으면 얻을 수 없다", "위대한 성취는 작은 도전에서 시작된다"라는 식의 문장은 우리에게 '도전'이란 어떤 결과를 얻기 위해 반드시 선행되어야 하는 필수 조건처럼 느끼게 한다. 하지만 곱씹어 보면, 우리가 말하는 '도전'은 사실 거창한 행동이나 큰 모험이 아닐 수도 있다.

타인의 성취와 그 성취를 가져다준 것처럼 보이는 '도전'에 대한 이야기를 자주 접하다 보면, 우리는 '도전'의 다른 이름이 '시작'임을 눈치채게 된다. 맞다. 성공 스토리에 공통으로 등장하는 장면이 있다. 바로 '이전과는 다른 태도'를 취하거나, '새로운 방식의 행동'을 감행하는 순간이다. 어떤 이는 하루 10분 일찍 일어나는 것으로, 어떤 이는 책 한 권을 들고 도서관을 찾는 것으로, 또 다른 이는 SNS를 끊는 것으로 도전을 시작했다. 세상은 그런 작은 시작을 '도전'이라 부른다.

자연스럽게 우리는 성공 혹은 성취를 위해 무엇을, 어떻게 '시작'할지를 고민한다. 새로운 기술을 익혀볼까, 학습 환경을 바꿔볼까, 거주지를 바꿔볼까? 등의 다양한 방법을 떠올리고, '이번에는 정말 제대로 시작해 보겠다'라고 결심한다. 하지만 그 다짐이 행동으로 전환되어 진짜 '시작'으로 이어지는 경우는 많지 않다. 다짐이 흐지부지되는 일이 반복되다 보면 무기력해진다. 작심삼일이라는 말이 괜히 생긴 것이 아니다. 새로운 시작은 생각보다 큰 에너지를 요구하고, 작심의 반복 끝에 스스로에게 실망하고 지쳐버린다. 무기력한 상태가 지속되면 동기부여가 내면에서 자연스럽게 솟아나기란 정말 쉽지 않다. 그래서 우리는 필사적으로 '제대로 된 시작'을 위한 동기부여가 되어줄 자극을 찾아 헤매곤 한다.

많은 자기 계발서는 "진짜 동기는 내면에서 나와야 한다"라고 말한다. 맞는 말이다. 그러나 누구나 그런 내면의 불꽃을 원하는 때에 켤 수는 없다. "아마추어는 동기부여가 되어줄 자극

DOUBLE CLICK

Every success story shares a turning point. The moment someone chose a new attitude or dared to act differently.

성공 스토리에 공통으로 등장하는 장면이 있다.
바로 '이전과는 다른 태도'를 취하거나,
'새로운 방식의 행동'을 감행하는 순간이다.

을 찾아 헤매고, 프로는 동기부여가 되지 않더라도 시작하는 사람이다"라는 말에 공감하면서도, 우리는 알고 있다. 사람에게는 각자의 리듬과 단계가 있다는 것을. 즉 스스로의 동기와 리듬을 찾아가기 위한 '준비기'가 필요한 시점도 분명히 존재한다는 말이다. 그리고 그 준비기는 때때로 외부 자극으로부터 점화되기도 한다.

우연히 만난 사람, 책 속의 문장, 영화 한 편이 누군가의 인생에 지대한 영향을 미치는 장면을 나는 자주 목격했다. 어떤 이는 "그날 우연히 틀어놓은 다큐멘터리 하나가 내 인생을 바꿨다"라고 말하고, 어떤 이는 "누군가가 툭 던진 말 한마디가 내 진로를 결정지었다"라고 회고한다. 인간은 내적 동기뿐 아니라, 자신을 둘러싼 외부 환경에도 아주 크게 영향을 받는 존재다. 이를 고려하면, 적절한 외부 자극을 찾는 것 또한 실행력을 높이는 매우 효과적인 전략이라고 할 수 있다. 아마 이 책을 읽기로 선택한 사람 중에도 새로운 시작, 그 방법에 대한 힌트 혹은 동기부여를 얻고자 기대한 분들이 많지 않을까? 그 기대를, 내 능력이 닿는 한 최대한 충족해 주고 싶다.

그런데 다음 장에서 내가 전하고 싶은 것은 조금 다르다. 지금까지는 어떻게 '잘 시작할 것인가'에 대한 이야기였다면, 지금부터는 '어떻게 하면 잘 멈출 수 있을까?'에 대해 말해보려고 한다. '성공'과 '도전'이란 말이 늘 '무언가를 시작하는 법'을 향해 있기에, 내가 말하려는 '멈춤'의 이야기가 선뜻 이해되지 않을지도 모른다. 그러나 시작만큼 중요한 것이 '멈춤'이다. 무언가를 멈춰야 진짜 시작할 수 있다. 멈춤으로써 내 삶이 보이고, 다음 '도전'이 온전히 나의 것이 될 수 있다. 그 이야기를 함께 나눠보자.

진짜 멈춤과 가짜 멈춤

　제대로 된 시작을 위해 동기부여가 절실한 사람이 있다는 걸 알면서, 나는 왜 굳이 시작의 반대인 멈춤에 대해 이야기하려는 걸까? 우리가 '시작'이라고 부르는 많은 것들은, 사실 어떤 '멈춤'에서 비롯되기 때문이다. 어떤 행동을 '시작'했다는 것은 동시에 다른 무언가를 '멈췄다'라는 의미다. 시작과 멈춤은 언제나 함께 움직인다. 결국 잘 멈춰야만, 잘 시작할 수 있다. 미친 추진력으로 세계적인 기업을 일궈낸 스티브 잡스도 말했다.

　"Deciding what not to do is as important as deciding

what to do. 하지 말아야 할 것들을 정하는 일은 무엇을 해야 할지 결정하는 것만큼이나 중요하다.”

지금껏 우리의 ‘시작’이 순조롭지 못했던 이유는 어쩌면, ‘무엇을, 언제, 어떻게 멈춰야 하는지’를 제대로 알지 못했기 때문일지 모른다. 좋은 시작은 좋은 멈춤에서 비롯된다. 순조로운 시작을 원한다면 먼저 잘 멈추는 방법을 배우고, 그것을 삶 속에서 익히며 그 힘을 키워야 한다.

멈추는 힘을 키우기 전에, 한 가지 의문을 가져보자. 우리는 왜 ‘제대로 된 시작’에는 그토록 지대한 관심을 가지면서, ‘제대로 된 멈춤’을 들여다보는 데는 소홀할까? 이유는 단순하다. 멈춤과 휴식이 길어지면 도태될지도 모른다는 본능적 불안과 사회적 압박 때문이다. 그 압박이 우리의 시선을 멈춤이 아닌 시작에 더 오래 머물게 했기 때문이다. 게다가 단순하게 생각해 봐도 인간은 지루하고 어려운 것보다 재밌고 자극적인 걸 찾는다. 그래서 ‘멈춘다’라는 건 우리를 그다지 설레게 하지 않는다. 단편적으로 생각해 보자. “새로운 일을 시작한다.”“하던 일을 멈춘다.” 두 문장 중 어느 문장을 읽을 때 더 큰 자극을 느끼는가? 아마 대다수는 앞의 문장에 마음이 움직였을 것이다. 삶에 지쳐 있던 사람은 뒤의 “하던 일을 멈춘다”를 보고 더 큰 감정을 느꼈을지도 모른다. 하지만 잘 생각해 보자. 하던 일을 멈추고 생긴 공백을 활용해 지금껏 누리지 못했던 편안한 휴

식, 취미, 인간관계 혹은 새로운 일을 '시작'할 수 있음에 설레
지 않았나?

멈춤은 시작보다 어렵다. 왜일까? 시작에는 고통도 있지만 동
시에 강한 설렘이 존재한다. 새로운 일 앞에서 느끼는 기대감,
아직 다가오지 않은 가능성에 대한 희망은, 그 안에 숨겨진 고
통과 부담을 잠시 마비시킨다. 예를 들어 당신이 미국 유학을
원한다고 가정해 보자. 그리고 아주 운이 좋게도 당신은 그 기
회를 손에 쥐었다. 기회의 문 앞에서 잘 적응할 수 있을지에 대
한 걱정, 지금껏 당연히 누렸던 환경과 인간관계를 뒤로하는 것
에 대한 강도 높은 고민이 떠오를 것이다. 그로 인한 고통 역시
느끼겠지만, 새로운 장소, 환경에서 경험할 '새로운 시작'에 대
한 설렘과 기대가 그 고통을 덮어버린다. 설렘과 기대가 사라진
뒤 마주할 현실의 난도가 어떠할지는 논외로 두고 말이다.

하지만 멈춤은 다르다. 시작과는 다르게 작동한다. 멈추는
순간에는 강한 고뇌와 고통이 몰려오고, 그 고통은 설렘 같은
완충장치 없이 정면으로 밀려든다. 내가 진정으로 원하는 일
을 시작했을 때와 그 일을 자의적으로 멈춰야 할 때의 감정을
상상해 보자. 어느 쪽이 더 고통스러울까? 후자가 훨씬 고통스
러울 거다. 그 일에 들인 시간과 애정, 조직에서 쌓아온 관계와
책임감, 무엇보다 스스로가 '버틴다'라고 여겨왔던 자부심이
발목을 붙잡는다. 진심을 다해 몰두한 일이었기에 더더욱 그만
두는 결정을 내리기가 어렵다. 사랑하는 사람과 연애를 시작했

을 때와, 그 관계를 내 손으로 끝내야 할 때 느낄 감정을 비교해 보자. 어느 쪽이 더 견디기 힘들까? 멈춤에서 오는 감정은 '시작'보다 훨씬 더 깊고 날카로운 고통으로 다가온다. 멈춘다는 건 생각보다 굉장히 어렵고, 고통스럽다. 하지만 우리가 진정 원하는 방향으로 인생을 움직이기 위해서는 자의적인 멈춤을 반드시 경험해야 한다.

아마 누군가는 이런 의문을 가질 것이다. "보통 시작이 어렵지, 멈추는 게 그렇게 어렵나? 매일 쓰던 일기를 하루 멈추는 건 일기를 계속 쓰는 것보다 쉬운데?" 일기를 하루 정도 멈추는 건 정말 쉬운 일일 수 있다. 내가 말하는 '진짜 멈춘다'라는 건 그런 게 아니다. 멈춤은 당신이 진심으로 바라는 '시작'을 가능하게 만들기 위한 '의식 있는 종료'다. '진짜 멈춤'은 단순한 중단이 아니다. 수많은 망설임, 미련, 후회, 죄책감까지 통과해야 가능한 선택이다. '아직 할 수 있는데, 멈출 수 있을까?'라는 자기 회유와 의심으로 가득찬 내면의 소리를 견디고, 타인의 시선과 기대를 무릅쓰고, 나를 위한 결정을 내가 스스로 내리는 것. 그것이 진짜 멈춤이다.

잔인하게 들릴 수도 있지만, 이런 '진짜 멈춤'을 온전히 경험해 본 사람만이 진짜 시작을 할 수 있는 아주 강력한 힘을 얻게 된다. 그렇다면 '진짜 멈춤'과 '가짜 멈춤'을 구분 짓는 기준은 무엇일까? 어떻게 해야 그 '진짜 멈춤'을 경험할 수 있을까? 단 하나의 조건이 있다. 바로 사랑이다.

사랑의 진짜 영향력

진짜 멈춤과 가짜 멈춤을 구분 짓는 것은 '사랑'이다. 생각해 보면 아주 당연한 이야기다. 사랑하지 않는 사람과 헤어지는 일이 당신을 고통에 빠뜨리는가? 아니다. 정말 싫어하는 일을 그만두는 게 당신을 고뇌에 몰아넣는가? 아니다. 애착 없는 물건이나, 일, 사람을 뒤로하고 떠나는 일에는 별다른 고통이나 고뇌가 뒤따르지 않는다(되레 속 시원하게 느껴지지 않겠는가!). 그렇다면 우리는 언제 진정으로 고통에 허덕이고 고뇌하게 될까? 사랑이 엮여 있을 때다. 내가 진심으로 아끼고, 사랑했던 것들을 멈추어야 할 때 우리는 멈춤의 진정한 의미와 그 무게를 비로소 체감하게 된다.

사랑하는 것을 끊어내는 것이 고통스러운 이유는 사랑하는 대상을 '나'의 일부로 여기기 때문이다. 사랑은 본질적으로 나를 넓히는 행위다. 다르게 말하면, 사랑에 빠진 우리는 타인과 나 사이의 경계를 거침없이 허문다. 서로를 구분하는 경계가 사라지니 어디까지가 '나'이고, 어디부터가 '타인'인지 구분하지 못하게 된다. 이 경계의 흐려짐은 종종 '하나가 된 느낌'이라는 말로 표현된다. 그렇게 우리는 사랑하는 대상을 '나'로 여기게 되는 것이다.

사랑을 통해 경계가 허물어지고, 타인을 '나'로 받아들이게 될 때 우리는 놀라운 경험을 하게 된다. 첫째, 자신의 것을 타인과 기꺼이 나누게 된다. 시간, 감정, 돈, 심지어 인생의 방향까지 말이다. 나는 10대 시절에 '부모님은 어떻게 자식이라는 타인에게 자신이 번 돈을 쓸 권리를 주고, 같은 집에 살며 온갖 편의를 제공하는 걸까?' 하고 진심으로 고민한 적이 있다. 어린 나는 도무지 이해할 수 없었다. 자식은 태어났을 뿐인데, 왜 부모는 그 아이의 먹고 입고 자는 모든 것을 책임지며 살아가는가? 시간이 흐르면서 질문의 답을 조금씩 알게 되었다. 바로 사랑이라는 감정 때문이다. 사랑을 느끼는 대상은 나와 분리된 '타인'이 아니라, 내 일부로 인식되기에 내 것을 나누는 일이 이상하지 않다. 자연스럽고 기쁜 일이다. 나와 비슷한 아픔을 겪는 대상에게 연민을 느끼고 돕고 싶어지는 것도 타인을 '나'로 인식하기 때문이다.

둘째, 한계치가 늘어난다. 어느 날, 라이브 방송 중에 한 구독자가 자신의 사랑 이야기를 공유해 주었다. 그는 춤을 너무 사랑해서 무용수가 되었지만, 춤이 직업이 된 뒤부터는 오히려 춤을 사랑하지 않게 된 것 같다고 했다. 나는 그에게 이렇게 말했다.

"사랑이 식었다고 느낄 수 있겠지만, 실제로는 그렇지 않아요. 애초에 춤을 직업으로 삼은 건 사랑이 있었기 때문이고, 지금 이 힘든 상황을 견디고 있는 것도 그 사랑 덕분이에요."

유튜브를 시작한 지 얼마 되지 않았을 무렵, 내가 지친 모습을 보이자 부모님은 내게 말씀하셨다.

"세상에서 가장 힘든 일은 자신이 좋아하고 사랑하는 일을 하는 거야. 사랑하지 않으면 그만두고 다른 걸 하면 되지만, 사랑하면 쉽게 포기할 수 없고 어떻게든 꾸역꾸역 버티게 되지. 그래서 사랑하는 일을 하는 게 더 힘들 수밖에 없는 거란다."

나는 그 말에 깊이 공감했다.

우리는 흔히 사랑을 행복과 연결 지어 생각한다. 사랑과 닿아 있으면 언제나 평안과 행복이 따라올 거라 믿는다. 그러나 내가 경험한 사랑의 진짜 힘은 그런 표면적인 감정에 있지 않다. 사랑은 사람을 어떤 상황에서든, 어떤 고통이든 계속 버티게 만든다. 그 버티는 과정을 통해 예상치 못한 놀라운 성취가 찾아오기도 한다. 많은 이들이 "사랑하는 일을 하세요!" 하고 외치는 이유도 그 때문이다. 사랑하는 일을 하면 그 일을 해나

"The hardest thing in the world is to do what you love. If you don't love it, you can quit. But if you do, you can't. You endure, no matter what."

"세상에서 가장 힘든 일은 자신이 좋아하고 사랑하는 일을 하는 거야.
사랑하지 않으면 그만두고 다른 걸 하면 되지만,
사랑하면 쉽게 포기할 수 없고 어떻게든 꾸역꾸역 버티게 되지.
그래서 사랑하는 일을 하는 게 더 힘들 수밖에 없는 거란다."

가는 과정에서 가치를 느끼게 되고, 자연스레 고통 속에서 더 오래 버티게 되며, 그 끝에 기대하지 않았던 성과를 얻는 경우가 많다. 물론 이 버티는 과정이 항상 아름다운 결말을 보장하는 것은 아니다. 때로는 나를 잃는 일로 이어지기도 한다. 자아가 소멸되는 것이다. 사랑을 통해 자아가 확장되지만, 때로는 너무 많이 확장된 나머지 경계가 사라지고, 본래의 자아가 사라지는 위험에 처하기도 한다.

《에로스의 종말》(한병철 지음, 문학과지성사 펴냄)에는 마르실리오 피치노(Marsilio Ficino)의 사랑에 관한 명언이 인용되어 있다. 피치노는 '플라토닉 러브'라는 개념을 처음으로 사용한 르네상스 시대의 철학자로, 정신적 사랑의 본질을 탐구한 인물이다. 그의 말은 사랑 속에 담긴 '소멸'의 개념을 선명히 드러낸다.

"사랑이란 타자 속에서 죽는다는 것을 의미한다. 나는 당신 속에서 나를 다시 발견한다. 당신이 나를 생각하기에, 그리고 당신 속에서 나를 버린 뒤에 나는 나를 되찾는다."

사랑은 타인과 나의 경계를 허문다. 그 무너진 경계 속에서 우리는 타인을 '나'로 인식하는 경험을 쌓게 되고 그 과정을 통해 자아가 확장되기도 한다. 그러나 그 사랑을 지켜내기 위해 때때로 우리는 스스로를 지우는 선택을 하기도 한다. 하지만 그처럼 모든 것을 내어준 끝, 역설적이게도 자아가 소멸되는 그 자리에서 우리는 오히려 진짜 '나'를 명확히 인식하기에 이른다. 이 말은 어떤 의미일까?

빚을 상환해야 할 시점은 반드시 온다

사랑은 '나'라는 존재가 있기에 시작되지만, 때때로 사랑은 '나'를 소멸시키며 깊은 고통 속에 허덕이게 만든다. 당신이 사랑하는 일, 목표, 생활 방식, 연인, 우정 모두 해당하는 이야기다. 우리가 진정으로 사랑하는 것들을 찾을 수 있었던 이유는 운이 따랐을 수도 있지만, 내가 나와 연결되려 부단히 노력했기 때문이다. 그렇게 '나'를 인식하면서 사랑하는 것들을 발견할 수 있게 된 것이다. '나'가 존재하지 않았다면, 내가 사랑하는 일, 내가 사랑하는 사람, 내가 사랑하는 모든 것들은 이 세상에 존재할 수 없다. 만날 수 없다.

그럼에도 무언가를 열렬히 사랑하다 보면 '나'를 저버리게 되는 순간이 찾아온다. 여기서 기억해야 할 것은, 나를 저버린 대가는 어떠한 방식으로든 치러야 한다는 사실이다. 사랑 때문에 나를 저버리는 행위는 어떤 게 있을까? 가령 좋은 성적을 거두기 위해 밥 먹는 시간도 아깝다며 끼니를 거르는 것, 직장에서 좋은 성과를 내고 입지를 다지기 위해 잠을 줄이는 것, 친구와 가족의 부당한 행동을 이해하기 위해 스스로의 판단력을 의심하는 태도, 나를 사랑하지 않는 사람에게 인정받기 위해 헌신하는 일. 이 모든 행동은 '자학'과 '극한 상황'으로 몰아간다는 공통점이 있다. '사랑'이 무섭고, 강력한 이유가 여기에 있다. 보통의 상황이라면 절대 허용하지 않을 행동을 '사랑'이란 이름 아래에서는 당연하게 저지르는 것이다.

그러나 아무리 의심의 여지없이 사랑하는 대상일지라도, 그 사랑을 유지하기 위해 자학적인 행동을 반복해야만 한다면, 인간은 극심한 내적 고통을 경험할 것이다. 여기서 한 가지 의문이 생긴다. 사랑은 자아를 확장하는 행위이고, 확장된 자아로 인해 '나'와 '타인'의 경계가 흐려진다고 했다. 그런데 왜 사랑을 지키기 위한 어떤 행위는 '자학'으로 느껴지고, '고통'이 되는 걸까? 그 이유는 자아를 확장할 수 있는 한계점에 도달했기 때문이다. 더는 확장할 수 없는 경계에 다다르면, 우리는 다시금 분명하게 '나'를 인식하게 된다. 그 경계선 위에서 나는 '지금 나를 짓밟고 있다'라는 고통스러운 자각을 하게 되는 것이다.

물론 이런 고통을 없애는 치트 키처럼 보이는 길도 존재한다. 높은 수준의 자기 수양을 통해 자아의 확장 범위를 극단적으로 넓히는 것이다. 타인의 모든 행동을 이해하고 세상을 완전히 포용할 수 있다면, 어쩌면 고통을 느끼지 않을 수도 있다. 그러나 그건 수행자의 길이다. 인간적인 삶보다는 초인의 삶에 가까운 길이며, 개인적으로는 추천하지 않는다. 정신 건강에 안 좋다.

앞서 말했듯 내가 특별한 의미를 부여하고 사랑하게 된 것들은 '나'라는 존재가 있었기에 가능했다. 그런데 우리는 그 사랑을 지키기 위해 '나'를 희생하고 소멸시키려 한다. 자학적인 행동을 반복할 때마다 우리는 스스로에게 빚을 지게 된다. 그리고 그 빚을 언젠가 반드시 상환해야 할 순간이 찾아온다.

멈춰서 생각해 봐야 한다. 불어나는 빚을 감당할 자신이 있는지 스스로에게 물어야 한다. 나의 한계점을 넘나들 때마다 빚은 쌓이고 언젠가 감당할 수 없는 수준에 도달하게 된다. 그 시점이 오면, 우리는 고통에서 벗어나기 위해 자신이 사랑했던 대상을 괴물로 바꿔버리고 원망하게 될 것이다. 상대를 탓하지 않으면 내가 겪고 있는 이 고통을 온전히 홀로 감당해야 하기 때문이다. 이미 쌓인 빚이 감당 가능한 수준을 넘어서 버렸다면, 그 고통을 정면으로 마주하기 매우 어려워진다. 결국에는 내가 사랑했던 일을 나를 파멸시킨 끔찍한 원인으로 여기거니, 사랑했던 사람을 원망하고 저주하게 될 수도 있다. 그렇게 남을 탓하며 나 자신을 보호하려 하지만, 안타깝게도 그런 방식으로는 '내가 나를 배신한 빚'을 갚을 수 없다. 그 빚은 그렇게 사라지지 않는다.

더 큰 문제는, 내가 선택하고 사랑했던 것들을 내 고통의 원인으로 만들고 탓하며 저주하는 이야기가 마음속에 쌓이기 시작하면, 나는 점점 스스로를 피할 수 없는 불행 속에 갇힌 무력한 피해자로 바라보게 된다는 점이다. "나는 사랑했을 뿐인데 이렇게 망가졌어", "나는 늘 상처만 받아" 하며 그렇게 나 자신을 무력한 피해자로 인식하게 된 순간부터 불행의 늪에서 빠져나오는 일은 점점 더 어려워진다.

그렇다면 어떻게 해야 이 불행의 늪에서 빠져나올 수 있을까?

DOUBLE CLICK

Blaming others won't heal the debt of betraying yourself. That wound must be faced, not avoided.

남을 탓하며 나 자신을 보호하려 하지만,
안타깝게도 그런 방식으로는
'내가 나를 배신한 빚'을 갚을 수 없다.
그 빚은 그렇게 사라지지 않는다.

나에게는 결국 내가 남는다

어떤 상황이든 선택권은 존재하며, 모든 건 내가 선택했다는 사실을 기억해야 한다. 이 말을 강조하는 이유는 당신이 겪고 있는 고통의 원인이 당신이라고 탓하거나 비난하려는 게 아니다. 오히려 그 고통에서 빠져나올 수 있는 유일한 열쇠가 바로 당신에게 있다는 뜻이다. 때때로 우리는 불가항력적으로 가학적이고 폭력적인 상황에 놓이기도 한다. 그럴 때는 스스로에게 선택권이 있다는 사실을 잊기 쉽다. 혹은 다른 방향을 선택할 수 있음을 알고 있지만, 용기를 내지 못하기도 한다. 하지만 선택권의 존재를 망각했든, 사용할 용기를 내지 못했든 결과는 같다. 우리는 결국 끝에서 다시 '나'를 선택하게 된다.

풍선을 떠올려보자. 풍선에 바람을 불어 넣으면 점점 커지
듯, 인간에게 사랑을 불어넣으면 그 자아는 확장된다. 확장된
자아를 통해 기존에는 이해할 수 없던 것들을 이해할 수 있게
되고, 새로운 시야를 얻게 된다. 타인에 대한 이해도도 높아지
는데, 그 과정을 통해서 자연스럽게 자신에 대한 이해도 역시
깊어진다. 자아에 대한 이해가 높아질수록 우리는 자신의 욕
망과 감정을 더 정확히 알아챌 수 있다. 이렇게 사랑을 통해 얻
은 새로운 시야를 잘 활용하면 인생을 더 풍요롭고 다채롭게
체험하며 행복을 경험할 수 있다. 하지만 그 사랑을 지켜내기
위해 우리는 종종 무리하게 된다. 풍선을 더 크게 키우려고 더
강하게 바람을 불어 넣듯, 자아를 무리하게 확장하며 스스로
를 배신하게 되는 것이다.

아주 운이 좋게, 풍선의 형태를 유지하면서 크기를 키우는
데 성공할 수도 있다. 그러나 대부분은 한계치를 넘기고 결국
터져버린다. 그 순간 우리는 깨닫는다. 내가 그렇게까지 애써
지키려 했던 사랑하는 대상들이, 터진 풍선을 다시 이어 붙여
주지 않는다는 사실을. 내가 사랑했던 일도, 사람도, 터져버린
풍선을 다시 원래대로 되돌려 놓지 않는다. 조각난 풍선을 다
시 붙여야 할 사람은 결국 '나'다. 어떤 상황이든, 끝에는 결국
'나'를 선택해야만 하는 것이다.

억울한 마음이 들 수도 있다. "내가 얼마나 간절하게 사랑했
고, 얼마나 애썼는데…" 하는 생각에 울화가 치밀거나 깊은 우

울감에 빠질지도 모른다. 하지만 한 가지 분명한 사실이 있다. 누군가를 진짜 사랑하는 존재는 그 사람이 망가지도록 방치하지 않는다. 어떻게든 다치지 않게 보호하려 한다. 스스로를 희생해 가며 사랑하는 존재를 지키려 간절하게 애썼던 당신처럼 말이다.

이렇게 말하면, 내가 사랑했던 존재들에 대한 배신감과 분노가 더 커질 수도 있다. 하지만 다시 찬찬히 읽어보자.

"진짜 사랑한다면, 그 존재가 망가지도록 두지 않는다."

무리하게 풍선에 바람을 불어 넣으며 결국에는 터트려 버리듯, 스스로를 자학적인 상황으로 몰아붙이며 괴롭히는 행동은, 자신뿐 아니라 사랑하는 대상까지도 '나를 망가뜨린 가해자'로 만들지도 모른다.

앞에서 "잘 멈출 줄 알아야, 잘 시작할 수 있다"라고 했다. 잘 멈추기 위해서는 멈춰야 할 타이밍을 제대로 인지해야 한다. 그 신호는 분명하다. 어떤 일이든, 어떤 관계든, 무엇을 위해서든 내가 나를 반복적으로 배신하게 된다면, 그건 멈춰야 할 시점이다. 그리고 그 배신이 고통으로 다가온다면, 그 감각에 기민하게 반응해야 한다. 고통을 느끼는 그 지점이 바로 나의 자아가 확장할 수 있는 최대치이며, 그 이상은 나를 해치는 영역이다. 고통을 감지해 멈추었다면 이제 선택은 당신에게 달려 있다. 풍선의 한계치를 인식했으니 터져버릴 것을 고려하더라도 계속해서 바람을 불어 크기를 키울 것인지, 풍선을 희생시키는 행동을 멈추고 다른 방법을 찾아볼지는 당신의 선택이다. 어느 쪽이든 선택의 결과에 대한 책임은 오롯이 당신이 지게 될 것이다.

분명한 것은 나를 배신하면서까지 행하는 사랑은 결코 진짜 사랑이 아니라는 사실이다. 내가 사랑하는 대상을, 나를 망가뜨린 가해자로 만드는 건 사랑이 아니다. 그게 당신의 일이든, 가족이든, 친구든, 연인이든 예외는 없다. '나'가 존재하기 때문에 내가 사랑하는 것들 역시 존재한다는 사실을 기억하자. 나를 지킬 수 있어야 내가 사랑하는 것들도 지켜낼 수 있다. 결국 결과에 대한 책임은 내가 지는 것이다. 그 사실을 진심으로 인식한다면, 스스로를 배신하는 선택을 하지 않을 용기를 더 쉽게 낼 수 있을 것이다. 그러니 항상 기억하자. 어떤 상황에서든 그 끝에는 항상 '나'를 선택해야 한다.

10

다시 더블 클릭: 인생에는 언제나 '다음'이 있다

번아웃, 마음의 비상등

어릴 적 즐겨 보던 애니메이션의 끝에는 늘 이런 자막이 떴다. "다음 이 시간에…"

우리는 그 말을 철석같이 믿었다. 반드시 '다음 시간'이 올 것이며, 그 시간이 오면 나는 다시 이 애니메이션을 보며 행복할 거라 의심하지 않았다. 그 믿음으로 순간의 아쉬움을 달래던 시절이 있었다. 하지만 이제 어른이 된 우리는 꽤 자주, 인생에 '다음 기회'가 있음을 잊고 살아간다. 혹은 아예 믿지기도 한다. 무슨 이유인지 지금 나를 짓누르는 이 고통을 마치 영원할 것처럼 느끼고, 내 눈앞의 상황이 인생의 전부인 것처럼 여긴다. '다른 세상은 없다', '여기서 벗어날 수 없다'라는 생각에서 쉽게 빠져나오지 못한다. 하지만 그 모든 생각은 거짓이다. 이런 잘 짜인 거짓과 비관적인 믿음 속에서 우리는 특정한 심리적 증상에 빠지게 되는데, 바로 '번아웃증후군(Burnout Syndrome)'이다. 말 그대로 마음과 에너지가 '완전히 타버린' 것이다. 하고 싶은 일, 해야 할 일에 시쳇말로 영혼을 갈아 넣으며 열심히 했는데, 생각보다 갈 길은 멀고 주위의 인정을 받기란 쉽지 않고 보상 역시 작다. 우리는 중얼거린다.

내가 잘하고 있는 건가?
나는 능력이 없는 걸까?
더 할 수 없을 거 같아….

그리고 어느 날 무너지기 직전의 나를 만나게 된다. 심리학자 제리 에델위치(Jerry Edelwich)와 아치 브로드스키(Archie Brodsky)는 번아웃을 다음의 4단계로 설명한다. '열정 → 침체 → 좌절 → 무관심' 처음에는 열정적으로 시작하지만, 점차 현실에 부딪히며 침체되고, 기대가 무너지며 좌절을 겪고, 결국 아무런 감정도 느끼지 않는 무관심 상태에 이르게 되는 것이다.

그렇게 꺼져가는 열정, 느껴지지 않는 성취감, 몸살, 요통, 두통, 불면, 무기력, 짜증, 냉소, 불안까지 온갖 증상이 내 몸을 지배하지만, 그럼에도 자신이 번아웃 상태임을 인정하기란 쉽지 않다. 도리어 '아, 이 정도도 못 버티면 앞으로 어떻게 살아갈

까?' 하며 스스로를 다그친다. 왜 우리는 이렇게 불타버린, 안쓰러운 자신을 오히려 몰아붙일까? 이유는 '다음'이 있다는 말을 믿지 못하기 때문이다. 그 진실을 믿지 못할 만큼 지쳐 있기 때문이다.

"한 번 사는 인생, 제대로 살아야 한다."

이 말은 때때로 우리를 짓누르는 족쇄가 된다. 누구에게 무엇을 증명해야 하는지 모르겠지만, 다들 뛰고 있으니 따라 뛰는 이 치열한 레이스에서 잠시 멈춰 내가 어디로 가고 있는지 살피는 것조차 겁이 난다. 겁에 질린 상태에서 다시 할 수 있다거나 다음 기회가 있다는 용감한 생각이 과연 떠오를 수가 있을까? 하지만 역설적으로 모든 것을 태워버린 번아웃의 상태가 찾아오면 우리는 그제야 타의적으로 멈추게 된다. 그리고 내가 지금 어디에 있는지 살피게 된다. 만약 당신이 그 지점에 와 있다면, 곧 알게 될 것이다. "다음 이 시간에…"라는 말이 단지 애니메이션 자막이 아니라, 삶의 진실이라는 사실을. 당신의 인생은, 그럼에도 불구하고 이어진다.

사람은 나무를 닮았고, 인생은 숲과 같다. 나무가 자라기 위해 토양과 물, 햇빛이 필요한 것처럼 사람도 적절한 환경과 자양분을 통해 자란다. 나무 한 그루 한 그루가 모여 숲을 이루듯, 사람도 성장과 경험을 통해 자기만의 숲을 만들어간다. 태어나서 걷고, 말하고, 배우고, 사랑하고… 그때마다 우리 안에 나무 한 그루가 심어진다면, 20대에 이르러서는 제법 푸른 나무로 우거진 작은 숲이 만들어진다. 그러다 어느 순간 번아웃이라는 '산불'이 일어난다.

2017년 《동아일보》의 설문조사에 따르면, 20대의 절반 가까이가 번아웃을 경험했고, 특히 모든 연령대 가운데 20대가 가장 높은 수치를 보였다. 이는 어린 숲일수록 더 쉽게 불에 타버린다는 말과 같다. 몇십 년 공들여 키운 나무들이 한순간에 재로 변했다면 어떤 기분이 들겠는가. '나무들을 다시 키워낼 수 있을까? 울창한 숲을 이룰 수 있을까?' 끝없는 회의와 자책이 들고 나를 파괴하는 생각들이 우리를 바닥으로 끌어내릴 것이다.

그런데 안타깝게도 번아웃이라는 산불은 인생에서 한 번으로 끝나지 않는다. 언제든 예고 없이 다시 일어난다. 그렇다면 묻게 된다. '어차피 다시 타버릴 나무를 왜 또 키워야 하나?' 그 질문 앞에서 희망을 잃지 않으려면, 우리는 '산불의 역설(Fire Paradox)'을 이해할 필요가 있다.

산불의 역설

인생에 큰 고비를 맞거나 진이 빠질 만큼 힘든 일을 겪고 나면 나 자신이 낯설게 느껴질지도 모른다. 우울감에 시달리는 사람들에게 자주 나타나는 대표적인 증상 중 하나는 '지금의 내가 예전의 나와 너무 달라진 것은 아닐까' 하는 고민이다. '예전의 나로 돌아갈 수 없다'라는 생각은 스스로를 더 깊은 우울의 늪에 빠트린다.

내가 오랫동안 정성껏 가꾸어온 숲이 하루아침에 다 타버린 것 같아서, 이 숲을 다시 푸르게 키워낼 수 있을지 의문이 들고, 두렵고, 자신이 없는가? 괜찮다. 다시 푸르게 회복될 수 있을까 하는 두려움, 더는 자신이 없다는 마음— 그 모든 감정들을 있는 그대로 그 자리에 둬라. 예전만큼 해낼 수 있음을 애써 증명하려 들지 않아도 된다. 아주 오랜 시간 동안, 우리가 태어나기 전부터 자연이 그것을 증명해 왔다. 까맣게 타버려 죽음의 땅이라 불리던 많은 숲들은 어떻게든 다시 푸르고 울창한 숲이 되어왔다. 믿기 어려울지도 모른다. 정말 죽음의 땅이 다시 울창하고 푸른 숲이 되어왔다고? 그렇다. 까맣게 타버린 땅은 다시 생명을 품은 푸릇한 숲이 되어왔다. 생명의 기운이 조금도 남지 않은 듯 보이던 대지에서 다시 싹이 움트고, 잎이 피고, 나무가 자라고, 다시 푸르고 울창한 생명의 터전으로 되살아나는 모습을 인간은 수없이 목격해 왔다. 다만 '다시' 푸른 숲이 되는 방식은 처음 숲이 만들어진 과정과는 다르다. 숲은 같은 방식으로 자라지 않는다.

숲이 형성되는 방법은 생태학적으로 크게 2가지로 나뉜다. 1차 천이와 2차 천이다. 생소한 단어처럼 들리지만, 이해하기는 어렵지 않다. '1차 천이'는 아무것도 없는 불모지에서 시작되는 숲의 성장 과정이다. 우리가 유년기, 청소년기, 청년기를 거쳐 사회로 나가 처음으로 조금씩 쌓아가는 인생을 이 숲에 비유할 수 있다. 생태학적으로는 용암지대처럼 식물이 전혀 살지 못하는 불모지에서 시작되는 숲의 성장을 1차 천이라 한다. 아무것도 몰라서 거침없이 나아가며 성과를 거두기도 하는 인생처럼 숲도 불모지에서 시작해 그 규모를 넓혀간다.

그렇게 자란 숲은 존재 자체로 많은 가치를 만들어낸다. 국립산림과학원이 집계한 한국 산림의 공익적 가치는 221조 2000억 원이다. 국민 1인당 연간 428만 원의 혜택을 받는 셈이라고 한다. 인간의 존재도 그러하다. 매 순간 자각하기는 어렵지만, 개개인의 인생도 존재 자체로 어느 방식으로든 그 가치를 창출하고 있다.

그런데 예기치 못한 '불'이 찾아온다. 불은 순식간에 숲을 태워버린다. 주목하고 싶은 점은 한국에서 산불이 발생하는 가장 큰 원인은 사람의 부주의라는 것이다. 산림청이 밝힌 산불 발생의 가장 큰 원인의 50% 이상이 사람에 의한 불이다. 누군가 무심코 던진 담배꽁초, 쓰레기들이 오랜 시간 일궈온 푸른 숲을 회색빛 재로 만들어버린다. 우리의 번아웃 역시 누군가의 무심한 말이나 행동, 혹은 뜻하지 않은 사건에서 시작되곤 한다. 그리고 그 불씨는 빠르게 번지며 한 사람의 삶에 큰 영향을 끼치기도 한다. 삶을 무너뜨릴 수도 있다. 숲과 인간의 삶은 많이 닮았다.

그렇게 불에 탄 숲이 다시 제 모습을 되찾는 과정이 바로 '2차 천이'다. 화재나 홍수 태풍 같은 외부의 충격으로 기존 생태계가 파괴된 이후, 그 자리에서 '다시' 생명이 움트며 숲이 재생되는 과정이다. 놀랍게도 2차 천이는 1차 천이보다 더 빠른 속도로 숲을 울창하게 만든다. 1차 천이가 아무것도 없는 땅에서 시작했다면, 2차 천이는 생명의 흔적이 남아 있기 때문이다. 흔히 산불로 다 타버린 숲을 죽음의 땅이라고 하지만, 실제로는 검게 탄 재가 푸른 숲을 위한 훌륭한 비료가 된다. 땅속 깊이 남아 있던 풀과 나무들이 다시 자라고, 주변 식생의 씨앗들이 날아와 잿더미 위에 내려앉아 싹을 틔운다. 이 과정에서 숲은 오히려 더 빠르고, 더 강하게 회복된다. 이 역설적인 자연의 회복 과정을 생태학에서는 '산불의 역설'이라고 부른다. 파괴된 것처럼 보이지만, 그 안에서 더 큰 생명력이 자라난다는 진실! 내가 번아웃을 두려워하지 말라고 한 이유가 바로 여기에 있다. 모든 것이 다 타버린 것처럼 느껴질지라도, 사실은 그렇지 않다.

잠시 숲이 타버려도 괜찮다

1988년 미국 옐로스톤 국립공원에서 번개로 인한 자연 발화로 추정되는 산불이 발생했다. 이 산불로 공원 전체 면적의 3분의 1에 달하는 숲이 사라졌다. 불은 처음에는 그리 크지 않았지만, 공원 경계에서 내부로 급속히 번지며 규모가 커졌다. 당시 공원 관리소 측은 '자연 화재 방임 정책(let it burn)'에 따라 인위적인 진압을 하지 않았다. 불을 그대로 방치한 것이다. 이 때문에 공원 관리소장인 밥 바비는 엄청난 관심과 비난을 동시에 받았다. "고맙습니다. 바비 씨"라고 적힌 조롱 섞인 표지판이 세워지기도 하고, 일부 비평가들은 그를 "바비큐 밥"이라고 부르며 비판했다.

옐로스톤 국립공원 화재는 당시 전 세계의 주목을 받을 만큼 아주 큰 사건이었다. 로널드 레이건 당시 대통령은 "렛잇번 정책은 터무니없는 생각(cockamamie idea)"이라고 공개 비판했으며, 맬컴 월럽 상원의원은 "터무니없고 과학적으로 근거 없는 정책"이라고 비난했다. 언론도 합세했다. 《타임》지는 "We could have stopped this. They won't let us. 우리는 이 화재를 막을 수 있었지만, 그들이 허락하지 않았다"라는 헤드라인으로 보도했다. 그럼에도 밥 바비는 산불을 그대로 둬야 한다는 방침을 고수했다. 그는 이후 그때를 회상하며 《뉴욕타임스》와의 인터뷰에서 이렇게 말했다.

"It's like, 'Well, why don't you just put it out?' Well, why don't you just stop the hurricane or the tornado? You don't just put it out. '왜 불을 그냥 *끄지* 않느냐?'라고 묻는 것은 '왜 허리케인이나 토네이도를 그냥 멈춰버리지 않습니까?' 하고 묻는 것과 같습니다. 산불은 그렇게 단순히 끌 수 있는 게 아닙니다."

화재의 규모가 계속해서 커지며 '검은 토요일'이라는 별명을 얻게 된 어느 날, 한 기상학자는 "더 이상의 희망은 없다"라고 선언했다. 언론은 미국에서 가장 유명한 국립공원이 연기 속으로 사라지고 있다고 보도하며 비관론을 확산시켰다. 그제야 정부는 인력을 투입해 산불을 끄려 했지만, 불길은 쉽사리 잡히지 않았다. 그렇게 몇 개월이 지난 늦가을, 눈이 내리면서 산불은 진압됐다.

공원의 약 36%에 해당하는 3200㎢가 소실되었다. 서울시 면적 약 6개에 해당하는 숲이 사라진 것이다. 불은 꺼졌지만, 사람들은 깊은 우려에 빠졌다. 옐로스톤이 다시 회복하는 데는 아주 긴 시간이 필요할 것이고, 인간이 막대한 피해를 감당해야 할 거라고 예상했다. 그러나 놀랍게도 불이 꺼진 지 불과 며칠 만에 식물이 자라기 시작했다. 위성 관측과 지상 관측을 통해 확인했더니, '모자이크 패턴'으로 불길이 스쳐 간 자리 주변 곳곳에서 숲이 빠르게 회복되었고, 까맣에 타버린 땅은 초록의 풀과 어린나무들로 서서히 채워졌다. 이 기적 같은 회복을 직접 눈으로 보기 위해, 무려 270만 명의 관광객이 옐로스톤을 찾았다. 역대 최고 방문자 수였다.

화재가 발생한 지 5년이 지난 1993년, 생태학자 터너 박사는 산불 피해 지역의 묘목 밀도가 화재 이전보다 무려 8배 이상 증가했다고 밝혔다. 그는 "롯지폴소나무는 고온의 자극이 있어야 열리는 특수한 솔방울을 지니고 있어, 화재 이후에야 씨앗이 퍼질 수 있도록 진화해 온 나무"라고 설명했다. 막대한 피해를 일으킨 주범처럼 여겨졌던 '불'이, 아이러니하게도 생명을 되살리는 '조건'이 된 셈이다. 회복은 식물에만 그치지 않았다. 동물 생태계 역시 되살아났다. 회색곰을 연구하는 스티브 프렌치 박사는 당시를 이렇게 설명했다. "불길이 번질 때 동물들은 놀랄 만큼 침착하게 자리를 피했습니다." 화재가 지나간 땅에 새롭게 등장한 식물들은 곤충, 개미, 새와 같은 다양한 동물들에게 먹이를 제공했고 생태계는 안정을 되찾아갔다. 인간의 관점에서 '재난'이라 여겨졌던 화재 이후에도 자연은 오히려 더 건강하고 활기찬 생태계로 회복되고 있었던 것이다.

검은 재로 뒤덮였던 땅은 빠르게 회복했다. 풀과 나무들이 자라 푸른빛이 감돌기 시작했고, 벌레와 새들이 날아오면서 이들을 먹이로 삼는 다양한 동물들이 모여들었다. 그렇게 숲은 한 단계 더 단단하게 성장했다.

옐로스톤 국립공원의 산불을 계기로, 화재가 생태계의 일부라는 인식이 대중 사이에 뿌리내렸다. 언론은 옐로스톤 국립공원의 회복을 과학과 '렛잇번 정책'의 완벽한 승리라고 평가했다. 공원 관리소장 밥 바비를 조롱했던 NBC 앵커 톰 브로코는 10년 후 "내가 틀렸다"라고 고백했다.

산불 진압이 시작될 무렵, 옐로스톤 국립공원 관리소장 밥 바비는 《데저렛 뉴스》와 인터뷰하며 다음과 같이 말했다.

"Yellowstone Park is still all here. There will be a changed face to Yellowstone, but not a devastated face, not a destroyed face—that's just folly, that's myth. What there will be is just a different face. This event provides a great educational opportunity to see what a powerful force like fire can do, and how the land responds to it. 옐로스톤 공원은 (산불이 난 이후에도) 여전히 그대로입니다. 겉모습은 바뀌겠지만, 그렇다고 황폐해지거나 파괴된 모습은 아닙니다. 산불이 숲을 파괴한다는 것은 어리석고 허황된 생각입니다. 단지 다른 모습으로 변화할 뿐입니다. 이 사건은 불과 같은 강력한 힘이 무엇을 할 수 있는지, 그리고 땅이 어떻게 반응하는지를 우리에게 알려준 훌륭한 가르침입니다.”

숲에 산불이 일어나듯 우리는 인생에서 주기적으로 번아웃을 만나게 된다. 다시 일어설 수 없을 것처럼 지쳤을 때 ‘산불의 역설’을 떠올리자. 다 타버린 땅이 더 강해져서 나타난다는 그 역설을 기억하자. 모든 것이 불타고 없어진 죽음의 땅처럼 보일지라도, 모든 것이 무의미해 보일지라도 실제로는 그렇지 않다. 검게 불타버린 숲은 더 많은 생명을 살게 하는 거름이 되지 절대 사라지지 않는다. 그러니 번아웃이라는 산불이 나를 덮치더라도, 두려워하지 말자. 그저 ‘let it burn’, 잠시 산불이 숲을 태우도록 내버려두자. 산불이 숲을 더 단단하고 비옥하게 만들어주고, 이전에는 알지 못했던 새로운 숲을 만나게 해주듯, 번아웃은 내가 몰랐던 새로운 나를 발견하는 과정일 뿐이다.

당신은 그저 달라질 뿐, 결코 황폐해지거나 파괴되지 않는다.

나만의 방화수를 찾아라

어떻게 하면 번아웃에서 살아남을 수 있을까?

아이러니하게도 번아웃을 피하지 말아야 한다. 번아웃이 두렵다고, 외면하고 피할 궁리만 하면 언젠가는 찾아올 번아웃의 여파를 더 길고 오래 느낄 수밖에 없다. 그러니 마주하자. 대신 전략을 세우자. 어떤 전략을 세우면 되느냐고? 방화수(防火樹)를 찾으면 된다.

방화수는 산불의 확산을 막아주는 나무를 말한다. 불에 잘 타는 게 나무의 특징이지만, 수종에 따라 불에 안 타는 나무들이 있다. 지난 2000년 4월 7일 새벽, 강원도 고성의 한 쓰레기장에서 작은 불꽃이 일었다. 불꽃은 191시간 동안 타오르며

850명의 이재민을 발생시킨 우리나라 역사상 최대 규모의 산불로 기록되었다. 이 최악의 산불은 놀라운 발견으로 이어졌다. 국립산림과학원 연구원들이 화마가 지나간 숲을 조사하던 중, 재가 된 소나무들 사이에서 푸른 잎을 간직한 채 멀쩡히 서 있는 특정 나무들을 발견했다. 이 나무들은 어떻게 이글거리는 뜨거운 불길 속에서 살아남은 것일까?

산림청의 조사에 따르면, 살아남은 나무에는 특별한 능력이 있었다. 굴참나무는 최대 1*cm*에 달하는 두꺼운 코르크층 껍질이 있어, 소나무보다 40~60% 피해를 적게 입었다. 동백나무는 줄기에 물을 머금고 있는 덕분에 천연 방화벽 역할을 했다. 그리고 다른 나무들의 잎이 10초 만에 모두 타버릴 때 은행나무와 동백나무, 참나무의 잎은 100초에서 1,400초까지 버텼다. 이들이 바로 '방화수'다. 산불의 확산을 막는 나무들, 우리의 삶에도 이들이 필요하다.

삶의 방화수는 어떻게 하면 찾을 수 있을까? 우선 '방화수를 찾겠다'라는 마음가짐이 필요하다. 당연한 말처럼 들릴 수 있지만, 사실 우리는 '어떻게 하면 숲을 더 잘 키울 수 있을까'에는 몰두하면서, '어떻게 하면 그 숲을 지켜낼 수 있을까'에는 상대적으로 관심을 덜 기울인다. 더 많은 나무를 심고, 더 많은 가치를 창출하는 데 집중하다 보니, 그동안 애써 키운 숲을 어떻게 보호할지는 생각하지 못한다. 그렇다면 이제는 전략을 바꿔야 할 때이다.

숲은 언젠가 불을 만난다. 그것은 필연이다. 그리고 그 불은 우리의 잘못이라기보다는 산불처럼 타인의 부주의 혹은 우리가 통제할 수 없는 외부 요인에 의해 발생한다. 엄청난 불운이 아니라, 누군가의 악의 없는 말 한마디나 평소에는 아무렇지도 않던, 심지어 사랑하던 어떤 존재가 당신이 수십 년간 일궈온 숲을 단번에 불태울 수도 있다. 그러니 우리는 '무슨 일이 일어나든 숲을 지키겠다'라고 결심해야 한다. 그러면 생각보다 쉽게 방화수를 찾을 수 있다.

"애초에 숲을 안 태우면 되잖아. 숲이 타지 않도록 예방하면 되지 않아?"

이렇게 반문할 수도 있다. 어떤 마음인지는 이해한다. 하지만 그 말은 "태어나자마자 걷고, 매운 떡볶이를 먹고, 수능시험을 치고, 취업하고, 내 집 마련하고, 손자까지 돌보자"라는 말과 다를 바가 없다. 우리가 성장하듯, 숲은 자라고 언젠가는 불을 만난다. 저주가 아니라 생태의 순리다. 예일대 지리 공간 솔루션 연구소 소장 제니퍼 멀론은 "불을 완전히 예방하는 것보다 중요한 것은, 불이 나도 번지지 않도록 관리하는 것"이라고 말한다. 내 숲이 절대 타지 않기를 바라기보다, 불이 나더라도 숲을 지켜낼 수 있는 전략을 세우는 게 더 중요하다. 굳이 내 숲이 타지 않기를 바라지 말자. 다 타버렸어도 괜찮다. 어느 순간에도 숲을 돌보는 것을 포기하지 말자. 무슨 일이 생기더라도 계속해서 숲을 돌보자.

많은 억측과 비난에 지쳐 휴식기를 가졌던 미국의 가수 테일러 스위프트는 한 인터뷰에서 말했다.

"나는 내게 소중한 것을 한 번 잃어본 적이 있어요. 그때 확실히 깨달았죠. 어떤 일이 닥치든, 좋든 나쁘든, 멈추지 않고 계속해야 한다는 것을요."

그 뒤로 그는 멈추지 않기 위한 방법을 찾았다. 엄청난 체력이 요구되는 공연을 앞두고, 러닝머신 위에서 노래를 부르며 훈련했고, 컨디션 관리를 위해 삶의 루틴을 정비했다. 멈추지 않기로 다짐하고 나니 멈추지 않아도 되는 법을 찾을 수 있게 된 것이다. 삶의 방화수를 찾는 일도 이와 같다.

살다 보면 다 놓아버리고 싶은 순간은 자주 찾아온다. 그래서 "숲을 돌보는 것을 멈추지 않아야 한다"라는 말이 족쇄처럼 느껴질 수도 있다. 쉬고 싶은데 멈추지 말라니 너무 잔인한 거 아닌가. 하지만 내가 하려는 말은 쉬지 말라는 게 아니라, 멈추지 말자는 거다.

2021년 미국 캘리포니아주 중부에서 69일간 맹렬한 불을 내뿜었던 '칼도 산불'은 레이크타호 마을 부근에서 갑작스럽게 그 힘을 잃었다. '산불 방화선'을 구축한 결과다. 마을 주민과 산림 당국 소방대가 합심해서 탄생시킨 이 산불 방화선은 나무 사이의 거리가 너무 가깝지 않도록 여백을 두고, 그 사이 낙엽들을 없애버리는 방식으로 만들어졌다. 나무들이 너무 빽빽하게 자리잡지 않도록 그래서 그 빽빽한 나무들을 타고 산불이 급속도로 확산되지 않도록 의도적으로 나무 간의 거리를 늘리고 공백을 두는 거다. 숲을 지키기 위해 나무 간의 거리를 두는 것은 숲을 포기해 버린 게 아니다. 숲을 지키기 위한 전략일 뿐이다. 벌어지는 나무 간의 거리를 보며 조급해 하지 말자. 그 거리가 내 숲을 지켜주는 방화선이 되어줄 거다. 숲이 살아만 있다면, 그 숲을 이루는 나무의 간격이 넓어지든, 그 숲이 다 타버리든 상관없다. 다 괜찮다.

그러니 내 숲이 불로 타버리든, 그래서 재가 되든 어떠한 상황을 맞이하더라도 숲을 돌보는 것을 멈추지 않겠다고 다짐해 보자. 스스로에게 약속해 보자. 그럼 우리는 어떻게든 나를 지키는 방화수를 만나게 될 거다.

내가 수도 없이 나를 태우고 회복해 가며 찾아낸 방화수는 이런 것들이다. 아침 산책, 좋아하는 음료 마시기, 가족과의 식사, 운동, 라이브 방송하기, 영상 댓글 읽기, 좋아하는 음악 듣기, 친구들과의 수다, 청소와 요리, 식물 키우기, 강아지 돌보기, 도서관에서 책 읽기, 머리 스타일 바꾸기, 영화관 나들이, 그리고 진심을 담은 글쓰기. 몇 번이고 내 숲은 불탔고, 때로는 완전히 재가 된 것처럼 보이기도 했다. 그 과정에서 뜨거운 불길에도 푸른 잎을 유지하는, 내 숲을 지키는 방화수가 무엇인지 알게 됐다. 그 방화수들을 심고 돌보며, 나는 내 숲을 점점 잘 돌보는 사람이 되었다. 검게 그을린 숲을 바라보며 회복이 불가능하다고 느꼈던 순간도 있지만, 그럼에도 숲을 믿고 기다리고 나무 간의 거리를 두며 버티니 숲은 생각보다 빠르게 푸른빛을 되찾았다. 그렇게 되찾은 숲은 이전보다 더 강한 숲이 되어 나의 일과 생각들을 잘 펼칠 수 있는 편안한 '서식지'가 되어주었다.

잊지 말자. 우리에겐 언제나 '다음'이 있다. 내가 일군 모든 것이 한순간에 사라져 버린 것처럼 느껴지는 순간에도, '다음'은 존재한다. 우리가 지켜봐 주기만 한다면, 까맣게 타버린 숲은 다시 울창하고 푸른 숲의 모습을 되찾을 것이다. 그것도 이전보다 훨씬 더 강하고 단단한 모습으로. 그 숲이 예전과 조금 다르게 생겼을지라도, 그 숲은 여전히 '나의 푸른 숲'이 분명하다.

에필로그

저는 영상을 만드는 크리에이터입니다. 그런데 왜 책을 썼을까요?

영상을 만들 때마다 저는 스스로에게 묻습니다. '내가 전하려는 말이 왜 굳이 영상의 형태로 전달되어야 하는가?' 이 질문에 대한 답이 납득되어야만 몸이 움직였고, 그 답이 선 순간에야 비로소 영상을 만들 수 있었습니다. 책을 쓰면서도 같은 질문이 따라왔습니다. '왜 굳이 글이어야 하는가?' 다시 말해, '내가 왜 책을 써야 되는가.'

이 물음에 답하기까지는 꽤 오랜 시간이 걸렸습니다. 주위의 책을 출간한 유튜버 동료들에게 책을 쓰면 무엇이 좋은지 묻고 여러 좋은 답변을 들었지만, 솔직히 마음에 와닿지는 않았습니다. 글쓰기 모임에 참여해 글을 쓰는 저마다의 사연과 이유를 들으며 감명을 받기도 했지만, 그들의 이유가 곧 제 이유가 되지는 않았습니다. 그래서 글을 쓰다 엎고 다시 쓰고를 수십 번 반복했습니다. 다른 유튜버들은 짧은 시간 안에 책을 내는데 왜 나만 이렇게 어려운 걸까 하는 자괴감도 들었습니다. 결국 질문은 하나로 귀결되었습니다.

'나는 글을 통해 무엇을 전하고 싶은가?'

그 답을 찾은 순간, 비로소 글을 제대로 쓸 수 있었습니다. 내가 찾은 '책을 써야 하는 이유'는 두 가지였습니다.

첫째, 받은 사랑을 다시 돌려주고 싶다, 이 이유를 떠올리니 책을 써야 하는 이유가 빠르게 납득이 됐습니다. 거창하게 들릴지 모르지만 저는 늘 저를 찾아준 사람들에게 힘이 되어주고 싶은 마음이 있습니다. 그래서 구독자의 사연을 듣고 함께 고민하며, 제 의견을 나누는 영상을 만들어왔습니다. 그런데 돌이켜보면 오히려 제가 더 큰 위로를 받았습니다. 뜬금없는 타이밍에 받은 응원 댓글과 진심 어린 메일 한 통이 저를 살리기도 했고요, 감당하기 버거운 순간에는 '그래, 알맹쓰*들도 다 이런 시간을 겪겠지. 이 순간을 잘 마주하고 기억해 뒀다가 나중에 도움을 줘야겠다' 하는 마음으로 버텼습니다. 돌아보니 받은 것이 참 많았습니다. 그 감사함을 마음에 담아두기보다는, 제가 얻은 기회와 능력으로 누군가에게 다시 건네고 싶었습니다. 그래서 책을 쓰기로 했습니다.

둘째, 이 책이 언젠가 제게도 힘이 되어줄 것 같았습니다. 자주는 아니지만 가끔 제가 만든 영상을 다시 보곤 합니다. 영상 속의 제가 낯설게 느껴지면서도 동시에 위로가 될 때가 있습니다. 이 책 역시 미래의 저를 도와줄 수 있을 거 같았습니다.

---

* 유튜브 〈알간지〉 구독자 애칭

그리고 '왜 글이어야 하는가'라는 질문에도 답을 찾았습니다. 영상은 초 단위로 유저의 이탈을 신경 써야 하기에 핵심만 담아야 합니다. 하지만 글은 다릅니다. 긴 호흡으로, 더 깊이, 제 마음을 온전히 담아낼 수 있습니다. 이제는 알겠습니다. 영상이든 글이든 형식이 다를 뿐, 응원의 마음을 전하고 함께하고 싶다는 본질은 같습니다. 이 책을 읽는 지금의 당신, 그리고 훗날 이 책을 다시 읽을 미래의 저에게 조금이라도 힘이 된다면, 그걸로 충분합니다.

더블 클릭

DOUBLE CLICK

The forest once burned will rise again -lush, green, and stronger than before.

까맣게 타버린 숲은 다시 울창하고
푸른 숲의 모습을 되찾을 것이다.
그것도 이전보다 훨씬 더 강하고 단단한 모습으로.

더블 클릭

초판 1쇄 발행 2026년 1월 5일
초판 3쇄 발행 2026년 2월 23일

지은이 | 알간지

발행인 | 박재호
주간 | 김선경
편집 | 허지희
마케팅 | 김용범

디자인 | 김형균
교정 | 김선례
종이 | 세종페이퍼
인쇄·제본 | 한영문화사

발행처 | 생각정원
출판신고 | 제25100-2011-000320호
주소 | 서울 마포구 양화로 156(동교동) LG팰리스 612-2호
전화 | 02-334-7932 팩스 | 02-334-7933
전자우편 | 3347932@gmail.com

ⓒ 알간지 2026

ISBN 979-11-93811-66-5 (03190)